로마자 표기법을 활용한
한글을 영어로
완전정복

한글을 영어로 완전 정복

왕 초보 영어 읽기가 빠르게 됩니다.

영어 왕 초보자를 위한 학습 방법입니다.
초보자도 소리와 철자와의 규칙을 이해하면 영어 읽기의 규칙을 빠르게 익힐 수 있고 고유명사를 영문으로 표기하면서 학습 할 수 있습니다.

고등 학교를 졸업해도 본인 이름, 주소를 제대로 못쓰는 사람이 많으며 표지판도 못 읽는 사람이 많습니다. 규칙을 익히면 자연스레 습득하게 되어 가족 이름, 행정 구역, 표지판, 고유 명사등을 읽고 쓸 수 있습니다.

영어 공부를 어떻게 시작해야 할지 막막한 왕초보자를 위해
로마자 표기법을 활용하여 한글과 영어 철자의 자음(세로) 모음(가로)을
하나의 판으로 만들었습니다.

한글과 영어 소리와 철자와의 관계의 원리를 이해하면 잊어 버리지 않습니다.
가나다라...순서대로 보세요 반복되면서 자연스레 익힙니다.

머리말

한글의 자음과 모음을 비교하며 기본 원리만 터득하면 철자와 소리와의 관계를 로마자 판을 이해하면서 기본만 외우면 왕초보도 쉽고 빠르게 영어 읽기, 쓰기의 기초가 됩니다.

여권의 이름, 주소 ,전철역, 행정 구역, 표지판, 간판 , 영어 메뉴판 ,문화재, 고유명사를 읽고 쓸 수 있습니다.
영어 철자를 소리 내어 말하면서 글씨를 써 봅니다.

영어 읽기의 초석이 됩니다.
또한 한국어를 배우고 싶은 외국인에게도 기초가 됩니다.

E2one 영어팀 편저

목 차
Contents

로마자 표기법이란? ·············· 6

로마자 쓰기연습 ·············· 13

로마자 연습문제 ·············· 213

로마자 표기법을 활용한
한글을 영어로
완전정복

날짜	학습목표	학습시간	평가

로마자 표기법이란?

로마자 표기법이란?
우리 나라의 지명이나 인명 등을 통하여 영어로 바꾸어 쓸 때 사용하는 일정한 표기 규칙을 말합니다.
이 로마자 표기법을 익혀두면 한글과 영어 소리와 철자와의 관계의 원리를 이해함으로써 영어 읽기 ,영어 쓰기의 기초가 됩니다
여권의 이름 ,주소 ,행정구역, 표지판 ,간판 ,문화재, 고유명사를 바르게 읽고 쓸 수가 있습니다.

(문체부 고시 제2000-8호(2000. 7. 7.)

제 1 장 표기의 기본 원칙

제 2 장 표기 알람

제 3 장 표기상의 유의점

제 1 장 표기의 기본 원칙

제 1 항 국어의 로마자 표기는 국어의 표준 발음법에 따라 적는 것을 원칙으로 한다.

제 2 항 로마자 이외의 부호는 되도록 사용하지 않는다.

제 2 장 표기 일람

제 1 항 모음은 다음 각호1) 와 같이 적는다.

1. 단모음

ㅏ	ㅓ	ㅗ	ㅜ	ㅡ	ㅣ	ㅐ	ㅔ	ㅚ	ㅟ
a	eo	o	u	eu	i	ae	e	oe	wi

2. 이중모음

ㅑ	ㅕ	ㅛ	ㅠ	ㅒ	ㅖ	ㅘ	ㅙ	ㅝ	ㅞ	ㅢ
ya	yeo	yo	yu	yae	ye	wa	wae	wo	we	ui

[붙임 1] 'ㅢ'는 'ㅣ'로 소리 나더라도 ui로 적는다.

광희문 Gwanghuimun

[붙임 2] 장모음의 표기는 따로 하지 않는다.

제 2 항 자음은 다음 각호2) 와 같이 적는다.

1. 파열음

ㄱ	ㄲ	ㅋ	ㄷ	ㄸ	ㅌ	ㅂ	ㅃ	ㅍ
g, k	kk	k	d, t	tt	t	b, p	pp	p

2. 파찰음

ㅈ	ㅉ	ㅊ
j	jj	ch

3. 마찰음

ㅅ	ㅆ	ㅎ
s	ss	h

4. 비음

ㄴ	ㅁ	ㅇ
n	m	ng

5. 유음

ㄹ
r, l

[붙임 1] 'ㄱ, ㄷ, ㅂ'은 모음 앞에서는 'g, d, b'로, 자음 앞이나 어말에서는 'k, t, p'로 적는다.([ ] 안의 발음에 따라 표기함.)

구미 Gumi 영동 Yeongdong 백암 Baegam
옥천 Okcheon 합덕 Hapdeok 호법 Hobeop
월곶[월곧] Wolgot 벚꽃[벋꼳] beotkkot 한밭[한받] Hanbat

[붙임 2] 'ㄹ'은 모음 앞에서는 'r'로, 자음 앞이나 어말에서는 'l'로 적는다. 단, 'ㄹㄹ'은 'll'로 적는다.

구리 Guri 설악 Seorak 칠곡 Chilgok
임실 Imsil 울릉 Ulleung
대관령[대괄령] Daegwallyeong

제 3 장 표기상의 유의점

제 1 항 음운 변화가 일어날 때에는 변화의 결과에 따라 다음 각호3) 와 같이 적는다.

1. 자음 사이에서 동화 작용이 일어나는 경우
　　　　백마[뱅마] Baengma　　　　신문로[신문노] Sinmunno
　　　　종로[종노] Jongno　　　　왕십리[왕심니] Wangsimni
　　　　별내[별래] Byeollae　　　　신라[실라] Silla

2. 'ㄴ, ㄹ'이 덧나는 경우
　　　　학여울[항녀울] Hangnyeoul　　　알약[알략] allyak

3. 구개음화가 되는 경우
　　　　해돋이[해도지] haedoji　　　　같이[가치] gachi
　　　　맞히다[마치다] machida

4. 'ㄱ, ㄷ, ㅂ, ㅈ'이 'ㅎ'과 합하여 거센소리로 소리나는4) 경우
　　　　좋고[조코] joko　　　　놓다[노타] nota
　　　　잡혀[자펴] japyeo　　　　낳지[나치] nachi

다만, 체언에서 'ㄱ, ㄷ, ㅂ' 뒤에 'ㅎ'이 따를 때에는 'ㅎ'을 밝혀 적는다.
　　　　묵호 Mukho　　　　집현전 Jiphyeonjeon

[붙임] 된소리 되기는 표기에 반영하지 않는다.
　　　　압구정 Apgujeong　　　　낙동강 Nakdonggang
　　　　죽변 Jukbyeon　　　　낙성대 Nakseongdae
　　　　합정 Hapjeong　　　　팔당 Paldang
　　　　샛별 saetbyeol　　　　울산 Ulsan

제 2 항 발음상 혼동의 우려가 있을 때에는 음절 사이에 붙임표(-)를 쓸 수 있다.
   중앙 Jung-ang   반구대 Ban-gudae
   세운 Se-un   해운대 Hae-undae

제 3 항 고유 명사는 첫 글자를 대문자로 적는다.
   부산 Busan 세종 Sejong

제 4 항 인명은 성과 이름의 순서로 띄어 쓴다. 이름은 붙여 쓰는 것을 원칙으로 하되 음절 사이에 붙임표(-)를 쓰는 것을 허용한다.(( ) 안의 표기를 허용함.)

   민용하 Min Yongha (Min Yong-ha)
   송나리 Song Nari (Song Na-ri)

(1) 이름에서 일어나는 음운 변화는 표기에 반영하지 않는다.
   한복남 Han Boknam (Han Bok-nam)
   홍빛나 Hong Bitna (Hong Bit-na)

(2) 성의 표기는 따로 정한다.

제 5 항 '도, 시, 군, 구, 읍, 면, 리, 동'의 행정 구역 단위와 '가'는 각각 'do, si, gun, gu, eup, myeon, ri, dong, ga'로 적고, 그 앞에는 붙임표(-)를 넣는다.
   붙임표(-) 앞뒤에서 일어나는 음운 변화는 표기에 반영하지 않는다.

   충청북도 Chungcheongbuk-do   제주도 Jeju-do
   의정부시 Uijeongbu-si   양주군 Yangju-gun
   도봉구 Dobong-gu   신창읍 Sinchang-eup
   삼죽면 Samjuk-myeon   인왕리 Inwang-ri
   당산동 Dangsan-dong   종로 2가 Jongno 2(i)-ga
   봉천 1동 Bongcheon 1(il)-dong
   퇴계로3가 Toegyero 3(sam)-ga

[붙임] '시, 군, 읍'의 행정 구역 단위는 생략할 수 있다.
   청주시 Cheongju   함평군 Hampyeong
   순창읍 Sunchang

제 6 항 자연 지물명, 문화재명, 인공 축조물명은 붙임표(-) 없이 붙여 쓴다.

    남산 Namsan   속리산 Songnisan
    금강 Geumgang   독도 Dokdo
    경복궁 Gyeongbokgung   무량수전 Muryangsujeon
    연화교 Yeonhwagyo   극락전 Geungnakjeon
    안압지 Anapji   남한산성 Namhansanseong
    화랑대 Hwarangdae   불국사 Bulguksa
    현충사 Hyeonchungsa   독립문 Dongnimmun
    오죽헌 Ojukheon   촉석루 Chokseongnu
    종묘 Jongmyo   다보탑 Dabotap

제 7 항 인명, 회사명, 단체명 등은 그동안 써 온 표기를 쓸 수 있다.

제 8 항 학술 연구 논문 등 특수 분야에서 한글 복원을 전제로 표기할 경우에는 한글 표기를 대상으로 적는다. 이 때 글자 대응은 제2장을 따르되 'ㄱ, ㄷ, ㅂ, ㄹ'은 'g, d, b, l'로만 적는다. 음가 없는 'ㅇ'은 붙임표(-)로 표기하되 어두에서는 생략하는 것을 원칙으로 한다. 기타 분절의 필요가 있을 때에도 붙임표(-)를 쓴다.

    집 jib   짚 jip
    밖 bakk   값 gabs
    붓꽃 buskkoch   먹는 meogneun
    독립 doglib   문리 munli
    물엿 mul-yeos   굳이 gud-i
    좋다 johda   가곡 gagog

부   칙

① (시행일) 이 규정은 고시한 날부터 시행한다.
② (표지판 등에 대한 경과조치) 이 표기법 시행당시 종전의 표기법에 의하여 설치된 표지판(도로, 광고물, 문화재 등의 안내판)은 2005. 12. 31.까지 이 표기법을 따라야 한다.
③ (출판물 등에 대한 경과조치) 이 표기법 시행당시 종전의 표기법에 의하여 발간된 교과서 등 출판물은 2002. 2. 28.까지 이 표기법을 따라야 한다.

로마자 표기법

	a ㅏ	ya ㅑ	eo ㅓ	yeo ㅕ	o ㅗ	yo ㅛ	u ㅜ	yu ㅠ	eu ㅡ	i ㅣ	ae ㅐ	yae ㅒ	e ㅔ	ye ㅖ	wa ㅘ	wae ㅙ	oe ㅚ	wo ㅝ	we ㅞ	wi ㅟ	ui ㅢ
g/k ㄱ																					
n ㄴ																					
d/t ㄷ																					
r/l ㄹ																					
m ㅁ																					
b/p ㅂ																					
s ㅅ																					
/ng ㅇ																					
j ㅈ																					
ch ㅊ																					
k ㅋ																					
t ㅌ																					
p ㅍ																					
h ㅎ																					
kk ㄲ																					
tt ㄸ																					
pp ㅃ																					
ss ㅆ																					
jj ㅉ																					

자음 모음

ㄱ ㅏ = 가
g   a   ga

쓰기연습

로마자 표기법

	a ㅏ	ya ㅑ	eo ㅓ	yeo ㅕ	o ㅗ	yo ㅛ	u ㅜ	yu ㅠ	eu ㅡ	i ㅣ	ae ㅐ	yae ㅒ	e ㅔ	ye ㅖ	wa ㅘ	wae ㅙ	oe ㅚ	wo ㅝ	we ㅞ	wi ㅟ	ui ㅢ
g/k ㄱ																					
n ㄴ																					
d/t ㄷ																					
r/l ㄹ																					
m ㅁ																					
b/p ㅂ																					
s ㅅ																					
/ng ㅇ																					
j ㅈ																					
ch ㅊ																					
k ㅋ																					
t ㅌ																					
p ㅍ																					
h ㅎ																					
kk ㄲ																					
tt ㄸ																					
pp ㅃ																					
ss ㅆ																					
jj ㅉ																					

자음 모음

ㄴ ㅏ = 나
n   a   na

쓰기연습

로마자 표기법

	a ㅏ	ya ㅑ	eo ㅓ	yeo ㅕ	o ㅗ	yo ㅛ	u ㅜ	yu ㅠ	eu ㅡ	i ㅣ	ae ㅐ	yae ㅒ	e ㅔ	ye ㅖ	wa ㅘ	wae ㅙ	oe ㅚ	wo ㅝ	we ㅞ	wi ㅟ	ui ㅢ
g/k ㄱ																					
n ㄴ																					
d/t ㄷ																					
r/l ㄹ																					
m ㅁ																					
b/p ㅂ																					
s ㅅ																					
/ng ㅇ																					
j ㅈ																					
ch ㅊ																					
k ㅋ																					
t ㅌ																					
p ㅍ																					
h ㅎ																					
kk ㄲ																					
tt ㄸ																					
pp ㅃ																					
ss ㅆ																					
jj ㅉ																					

자음 모음

ㄷ ㅏ = 다

d a da

쓰기연습

로마자 표기법

	a ㅏ	ya ㅑ	eo ㅓ	yeo ㅕ	o ㅗ	yo ㅛ	u ㅜ	yu ㅠ	eu ㅡ	i ㅣ	ae ㅐ	yae ㅒ	e ㅔ	ye ㅖ	wa ㅘ	wae ㅙ	oe ㅚ	wo ㅝ	we ㅞ	wi ㅟ	ui ㅢ
g/k ㄱ																					
n ㄴ																					
d/t ㄷ																					
r/l ㄹ																					
m ㅁ																					
b/p ㅂ																					
s ㅅ																					
/ng ㅇ																					
j ㅈ																					
ch ㅊ																					
k ㅋ																					
t ㅌ																					
p ㅍ																					
h ㅎ																					
kk ㄲ																					
tt ㄸ																					
pp ㅃ																					
ss ㅆ																					
jj ㅉ																					

자음 모음

ㄹ ㅏ = 라

r a ra

쓰기연습

로마자 표기법

	a ㅏ	ya ㅑ	eo ㅓ	yeo ㅕ	o ㅗ	yo ㅛ	u ㅜ	yu ㅠ	eu ㅡ	i ㅣ	ae ㅐ	yae ㅒ	e ㅔ	ye ㅖ	wa ㅘ	wae ㅙ	oe ㅚ	wo ㅝ	we ㅞ	wi ㅟ	ui ㅢ
g/k ㄱ																					
n ㄴ																					
d/t ㄷ																					
r/l ㄹ																					
m ㅁ																					
b/p ㅂ																					
s ㅅ																					
/ng ㅇ																					
j ㅈ																					
ch ㅊ																					
k ㅋ																					
t ㅌ																					
p ㅍ																					
h ㅎ																					
kk ㄲ																					
tt ㄸ																					
pp ㅃ																					
ss ㅆ																					
jj ㅉ																					

자음 모음

ㅁ ㅏ = 마

m a ma

쓰기연습

로마자 표기법

	a ㅏ	ya ㅑ	eo ㅓ	yeo ㅕ	o ㅗ	yo ㅛ	u ㅜ	yu ㅠ	eu ㅡ	i ㅣ	ae ㅐ	yae ㅒ	e ㅔ	ye ㅖ	wa ㅘ	wae ㅙ	oe ㅚ	wo ㅝ	we ㅞ	wi ㅟ	ui ㅢ
g/k ㄱ																					
n ㄴ																					
d/t ㄷ																					
r/l ㄹ																					
m ㅁ																					
b/p ㅂ																					
s ㅅ																					
/ng ㅇ																					
j ㅈ																					
ch ㅊ																					
k ㅋ																					
t ㅌ																					
p ㅍ																					
h ㅎ																					
kk ㄲ																					
tt ㄸ																					
pp ㅃ																					
ss ㅆ																					
jj ㅉ																					

자음 모음

ㅂ ㅏ = 바

b a ba

쓰기연습

로마자 표기법

	a ㅏ	ya ㅑ	eo ㅓ	yeo ㅕ	o ㅗ	yo ㅛ	u ㅜ	yu ㅠ	eu ㅡ	i ㅣ	ae ㅐ	yae ㅒ	e ㅔ	ye ㅖ	wa ㅘ	wae ㅙ	oe ㅚ	wo ㅝ	we ㅞ	wi ㅟ	ui ㅢ
g/k ㄱ
n ㄴ
d/t ㄷ
r/l ㄹ
m ㅁ
b/p ㅂ
s ㅅ
/ng ㅇ
j ㅈ
ch ㅊ
k ㅋ
t ㅌ
p ㅍ
h ㅎ
kk ㄲ
tt ㄸ
pp ㅃ
ss ㅆ
jj ㅉ

자음 모음
ㅅ ㅏ = 사
s a   sa

쓰기연습

로마자 표기법

모음 자음
아 ㅇ = 앙
a ng   ang

쓰기연습

로마자 표기법

	a ㅏ	ya ㅑ	eo ㅓ	yeo ㅕ	o ㅗ	yo ㅛ	u ㅜ	yu ㅠ	eu ㅡ	i ㅣ	ae ㅐ	yae ㅒ	e ㅔ	ye ㅖ	wa ㅘ	wae ㅙ	oe ㅚ	wo ㅝ	we ㅞ	wi ㅟ	ui ㅢ
g/k ㄱ																					
n ㄴ																					
d/t ㄷ																					
r/l ㄹ																					
m ㅁ																					
b/p ㅂ																					
s ㅅ																					
/ng ㅇ																					
j ㅈ																					
ch ㅊ																					
k ㅋ																					
t ㅌ																					
p ㅍ																					
h ㅎ																					
kk ㄲ																					
tt ㄸ																					
pp ㅃ																					
ss ㅆ																					
jj ㅉ																					

자음   모음
ㅈ ㅏ = 자
j   a   ja

쓰기연습

로마자 표기법

	a ㅏ	ya ㅑ	eo ㅓ	yeo ㅕ	o ㅗ	yo ㅛ	u ㅜ	yu ㅠ	eu ㅡ	i ㅣ	ae ㅐ	yae ㅒ	e ㅔ	ye ㅖ	wa ㅘ	wae ㅙ	oe ㅚ	wo ㅝ	we ㅞ	wi ㅟ	ui ㅢ
g/k ㄱ																					
n ㄴ																					
d/t ㄷ																					
r/l ㄹ																					
m ㅁ																					
b/p ㅂ																					
s ㅅ																					
/ng ㅇ																					
j ㅈ																					
ch ㅊ																					
k ㅋ																					
t ㅌ																					
p ㅍ																					
h ㅎ																					
kk ㄲ																					
tt ㄸ																					
pp ㅃ																					
ss ㅆ																					
jj ㅉ																					

자음   모음
ㅊ ㅏ = 차
ch   a   cha

쓰기연습

로마자 쓰기연습

로마자 표기법

	a ㅏ	ya ㅑ	eo ㅓ	yeo ㅕ	o ㅗ	yo ㅛ	u ㅜ	yu ㅠ	eu ㅡ	i ㅣ	ae ㅐ	yae ㅒ	e ㅔ	ye ㅖ	wa ㅘ	wae ㅙ	oe ㅚ	wo ㅝ	we ㅞ	wi ㅟ	ui ㅢ
g/k ㄱ																					
n ㄴ																					
d/t ㄷ																					
r/l ㄹ																					
m ㅁ																					
b/p ㅂ																					
s ㅅ																					
/ng ㅇ																					
j ㅈ																					
ch ㅊ																					
k ㅋ																					
t ㅌ																					
p ㅍ																					
h ㅎ																					
kk ㄲ																					
tt ㄸ																					
pp ㅃ																					
ss ㅆ																					
jj ㅉ																					

자음	모음		
ㅋ	ㅏ	=	카
k	a		ka

쓰기연습

로마자 표기법

	a ㅏ	ya ㅑ	eo ㅓ	yeo ㅕ	o ㅗ	yo ㅛ	u ㅜ	yu ㅠ	eu ㅡ	i ㅣ	ae ㅐ	yae ㅒ	e ㅔ	ye ㅖ	wa ㅘ	wae ㅙ	oe ㅚ	wo ㅝ	we ㅞ	wi ㅟ	ui ㅢ
g/k ㄱ																					
n ㄴ																					
d/t ㄷ																					
r/l ㄹ																					
m ㅁ																					
b/p ㅂ																					
s ㅅ																					
/ng ㅇ																					
j ㅈ																					
ch ㅊ																					
k ㅋ																					
t ㅌ																					
p ㅍ																					
h ㅎ																					
kk ㄲ																					
tt ㄸ																					
pp ㅃ																					
ss ㅆ																					
jj ㅉ																					

자음	모음		
ㅌ	ㅏ	=	타
t	a		ta

쓰기연습

로마자 표기법

	a ㅏ	ya ㅑ	eo ㅓ	yeo ㅕ	o ㅗ	yo ㅛ	u ㅜ	yu ㅠ	eu ㅡ	i ㅣ	ae ㅐ	yae ㅒ	e ㅔ	ye ㅖ	wa ㅘ	wae ㅙ	oe ㅚ	wo ㅝ	we ㅞ	wi ㅟ	ui ㅢ
g/k ㄱ																					
n ㄴ																					
d/t ㄷ																					
r/l ㄹ																					
m ㅁ																					
b/p ㅂ																					
s ㅅ																					
/ng ㅇ																					
j ㅈ																					
ch ㅊ																					
k ㅋ																					
t ㅌ																					
p ㅍ																					
h ㅎ																					
kk ㄲ																					
tt ㄸ																					
pp ㅃ																					
ss ㅆ																					
jj ㅉ																					

자음 모음

ㅍ ㅏ = 파

p a pa

쓰기연습

로마자 표기법

	a ㅏ	ya ㅑ	eo ㅓ	yeo ㅕ	o ㅗ	yo ㅛ	u ㅜ	yu ㅠ	eu ㅡ	i ㅣ	ae ㅐ	yae ㅒ	e ㅔ	ye ㅖ	wa ㅘ	wae ㅙ	oe ㅚ	wo ㅝ	we ㅞ	wi ㅟ	ui ㅢ
g/k ㄱ																					
n ㄴ																					
d/t ㄷ																					
r/l ㄹ																					
m ㅁ																					
b/p ㅂ																					
s ㅅ																					
/ng ㅇ																					
j ㅈ																					
ch ㅊ																					
k ㅋ																					
t ㅌ																					
p ㅍ																					
h ㅎ																					
kk ㄲ																					
tt ㄸ																					
pp ㅃ																					
ss ㅆ																					
jj ㅉ																					

자음 모음

ㅎ ㅏ = 하

h a ha

쓰기연습

로마자 표기법

	a ㅏ	ya ㅑ	eo ㅓ	yeo ㅕ	o ㅗ	yo ㅛ	u ㅜ	yu ㅠ	eu ㅡ	i ㅣ	ae ㅐ	yae ㅒ	e ㅔ	ye ㅖ	wa ㅘ	wae ㅙ	oe ㅚ	wo ㅝ	we ㅞ	wi ㅟ	ui ㅢ
g/k ㄱ																					
n ㄴ																					
d/t ㄷ																					
r/l ㄹ																					
m ㅁ																					
b/p ㅂ																					
s ㅅ																					
/ng ㅇ																					
j ㅈ																					
ch ㅊ																					
k ㅋ																					
t ㅌ																					
p ㅍ																					
h ㅎ																					
kk ㄲ																					
tt ㄸ																					
pp ㅃ																					
ss ㅆ																					
jj ㅉ																					

자음　모음

ㄲ　ㅏ　=　까
kk　a　=　kka

쓰기연습

로마자 표기법

	a ㅏ	ya ㅑ	eo ㅓ	yeo ㅕ	o ㅗ	yo ㅛ	u ㅜ	yu ㅠ	eu ㅡ	i ㅣ	ae ㅐ	yae ㅒ	e ㅔ	ye ㅖ	wa ㅘ	wae ㅙ	oe ㅚ	wo ㅝ	we ㅞ	wi ㅟ	ui ㅢ
g/k ㄱ																					
n ㄴ																					
d/t ㄷ																					
r/l ㄹ																					
m ㅁ																					
b/p ㅂ																					
s ㅅ																					
/ng ㅇ																					
j ㅈ																					
ch ㅊ																					
k ㅋ																					
t ㅌ																					
p ㅍ																					
h ㅎ																					
kk ㄲ																					
tt ㄸ																					
pp ㅃ																					
ss ㅆ																					
jj ㅉ																					

자음　모음

ㄸ　ㅏ　=　따
tt　a　=　tta

쓰기연습

로마자 표기법

	a ㅏ	ya ㅑ	eo ㅓ	yeo ㅕ	o ㅗ	yo ㅛ	u ㅜ	yu ㅠ	eu ㅡ	i ㅣ	ae ㅐ	yae ㅒ	e ㅔ	ye ㅖ	wa ㅘ	wae ㅙ	oe ㅚ	wo ㅝ	we ㅞ	wi ㅟ	ui ㅢ
g/k ㄱ																					
n ㄴ																					
d/t ㄷ																					
r/l ㄹ																					
m ㅁ																					
b/p ㅂ																					
s ㅅ																					
/ng ㅇ																					
j ㅈ																					
ch ㅊ																					
k ㅋ																					
t ㅌ																					
p ㅍ																					
h ㅎ																					
kk ㄲ																					
tt ㄸ																					
pp ㅃ																					
ss ㅆ																					
jj ㅉ																					

자음　모음

ㅃ ㅏ = 빠

pp　a　ppa

쓰기연습

로마자 표기법

자음　모음

ㅆ ㅏ = 싸

ss　a　ssa

쓰기연습

로마자 쓰기연습 **21**

로마자 표기법

	a ㅏ	ya ㅑ	eo ㅓ	yeo ㅕ	o ㅗ	yo ㅛ	u ㅜ	yu ㅠ	eu ㅡ	i ㅣ	ae ㅐ	yae ㅒ	e ㅔ	ye ㅖ	wa ㅘ	wae ㅙ	oe ㅚ	wo ㅝ	we ㅞ	wi ㅟ	ui ㅢ
g/k ㄱ																					
n ㄴ																					
d/t ㄷ																					
r/l ㄹ																					
m ㅁ																					
b/p ㅂ																					
s ㅅ																					
/ng ㅇ																					
j ㅈ																					
ch ㅊ																					
k ㅋ																					
t ㅌ																					
p ㅍ																					
h ㅎ																					
kk ㄲ																					
tt ㄸ																					
pp ㅃ																					
ss ㅆ																					
jj ㅉ																					

자음   모음

짜 ㅏ = 짜
jj   a   jja

쓰기연습

로마자 표기법

	a ㅏ	ya ㅑ	eo ㅓ	yeo ㅕ	o ㅗ	yo ㅛ	u ㅜ	yu ㅠ	eu ㅡ	i ㅣ	ae ㅐ	yae ㅒ	e ㅔ	ye ㅖ	wa ㅘ	wae ㅙ	oe ㅚ	wo ㅝ	we ㅞ	wi ㅟ	ui ㅢ
g/k ㄱ																					
n ㄴ																					
d/t ㄷ																						
r/l ㄹ																						
m ㅁ																						
b/p ㅂ																						
s ㅅ																						
/ng ㅇ																						
j ㅈ																						
ch ㅊ																						
k ㅋ																						
t ㅌ																						
p ㅍ																						
h ㅎ																						
kk ㄲ																						
tt ㄸ																						
pp ㅃ																						
ss ㅆ																						
jj ㅉ																						

자음   모음

ㄱ ㅑ = 갸
g   ya   gya

쓰기연습

로마자 표기법

	a ㅏ	ya ㅑ	eo ㅓ	yeo ㅕ	o ㅗ	yo ㅛ	u ㅜ	yu ㅠ	eu ㅡ	i ㅣ	ae ㅐ	yae ㅒ	e ㅔ	ye ㅖ	wa ㅘ	wae ㅙ	oe ㅚ	wo ㅝ	we ㅞ	wi ㅟ	ui ㅢ
g/k ㄱ																					
n ㄴ																					
d/t ㄷ																					
r/l ㄹ																					
m ㅁ																					
b/p ㅂ																					
s ㅅ																					
/ng ㅇ																					
j ㅈ																					
ch ㅊ																					
k ㅋ																					
t ㅌ																					
p ㅍ																					
h ㅎ																					
kk ㄲ																					
tt ㄸ																					
pp ㅃ																					
ss ㅆ																					
jj ㅉ																					

자음　　모음

ㄴ　ㅑ = 냐

n　ya　nya

쓰기연습

로마자 표기법

	a ㅏ	ya ㅑ	eo ㅓ	yeo ㅕ	o ㅗ	yo ㅛ	u ㅜ	yu ㅠ	eu ㅡ	i ㅣ	ae ㅐ	yae ㅒ	e ㅔ	ye ㅖ	wa ㅘ	wae ㅙ	oe ㅚ	wo ㅝ	we ㅞ	wi ㅟ	ui ㅢ
g/k ㄱ																					
n ㄴ																					
d/t ㄷ																					
r/l ㄹ																					
m ㅁ																					
b/p ㅂ																						
s ㅅ																						
/ng ㅇ																						
j ㅈ																						
ch ㅊ																						
k ㅋ																						
t ㅌ																						
p ㅍ																						
h ㅎ																						
kk ㄲ																						
tt ㄸ																						
pp ㅃ																						
ss ㅆ																						
jj ㅉ																						

자음　　모음

ㄷ　ㅑ = 댜

d　ya　dya

쓰기연습

로마자 표기법

	a ㅏ	ya ㅑ	eo ㅓ	yeo ㅕ	o ㅗ	yo ㅛ	u ㅜ	yu ㅠ	eu ㅡ	i ㅣ	ae ㅐ	yae ㅒ	e ㅔ	ye ㅖ	wa ㅘ	wae ㅙ	oe ㅚ	wo ㅝ	we ㅞ	wi ㅟ	ui ㅢ
g/k ㄱ																					
n ㄴ																					
d/t ㄷ																					
r/l ㄹ																					
m ㅁ																					
b/p ㅂ																					
s ㅅ																					
/ng ㅇ																					
j ㅈ																					
ch ㅊ																					
k ㅋ																					
t ㅌ																					
p ㅍ																					
h ㅎ																					
kk ㄲ																					
tt ㄸ																					
pp ㅃ																					
ss ㅆ																					
jj ㅉ																					

자음 **모음**

ㄹ ㅑ = 랴

r　ya　rya

쓰기연습

로마자 표기법

	a ㅏ	ya ㅑ	eo ㅓ	yeo ㅕ	o ㅗ	yo ㅛ	u ㅜ	yu ㅠ	eu ㅡ	i ㅣ	ae ㅐ	yae ㅒ	e ㅔ	ye ㅖ	wa ㅘ	wae ㅙ	oe ㅚ	wo ㅝ	we ㅞ	wi ㅟ	ui ㅢ
g/k ㄱ																					
n ㄴ																					
d/t ㄷ																						
r/l ㄹ																					
m ㅁ																					
b/p ㅂ																						
s ㅅ																					
/ng ㅇ																					
j ㅈ																					
ch ㅊ																					
k ㅋ																					
t ㅌ																					
p ㅍ																					
h ㅎ																					
kk ㄲ																					
tt ㄸ																					
pp ㅃ																					
ss ㅆ																					
jj ㅉ																					

자음 **모음**

ㅁ ㅑ = 먀

m　ya　mya

쓰기연습

로마자 표기법

	a ㅏ	ya ㅑ	eo ㅓ	yeo ㅕ	o ㅗ	yo ㅛ	u ㅜ	yu ㅠ	eu ㅡ	i ㅣ	ae ㅐ	yae ㅒ	e ㅔ	ye ㅖ	wa ㅘ	wae ㅙ	oe ㅚ	wo ㅝ	we ㅞ	wi ㅟ	ui ㅢ

g/k ㄱ
n ㄴ
d/t ㄷ
r/l ㄹ
m ㅁ
b/p ㅂ
s ㅅ
/ng ㅇ
j ㅈ
ch ㅊ
k ㅋ
t ㅌ
p ㅍ
h ㅎ
kk ㄲ
tt ㄸ
pp ㅃ
ss ㅆ
jj ㅉ

자음　모음

ㅂ　ㅑ ＝ 뱌
b　ya　bya

쓰기연습

로마자 표기법

자음　모음

ㅅ　ㅑ ＝ 샤
s　ya　sya

쓰기연습

로마자 표기법

	a ㅏ	ya ㅑ	eo ㅓ	yeo ㅕ	o ㅗ	yo ㅛ	u ㅜ	yu ㅠ	eu ㅡ	i ㅣ	ae ㅐ	yae ㅒ	e ㅔ	ye ㅖ	wa ㅘ	wae ㅙ	oe ㅚ	wo ㅝ	we ㅞ	wi ㅟ	ui ㅢ
g/k ㄱ																					
n ㄴ																					
d/t ㄷ																					
r/l ㄹ																					
m ㅁ																					
b/p ㅂ																					
s ㅅ																					
/ng ㅇ																					
j ㅈ																					
ch ㅊ																					
k ㅋ																					
t ㅌ																					
p ㅍ																					
h ㅎ																					
kk ㄲ																					
tt ㄸ																					
pp ㅃ																					
ss ㅆ																					
jj ㅉ																					

모음   자음

야 ㅇ = 양
ya ng yang

쓰기연습

로마자 표기법

	a ㅏ	ya ㅑ	eo ㅓ	yeo ㅕ	o ㅗ	yo ㅛ	u ㅜ	yu ㅠ	eu ㅡ	i ㅣ	ae ㅐ	yae ㅒ	e ㅔ	ye ㅖ	wa ㅘ	wae ㅙ	oe ㅚ	wo ㅝ	we ㅞ	wi ㅟ	ui ㅢ
g/k ㄱ																					
n ㄴ																					
d/t ㄷ																						
r/l ㄹ																						
m ㅁ																						
b/p ㅂ																						
s ㅅ																						
/ng ㅇ																						
j ㅈ																						
ch ㅊ																						
k ㅋ																						
t ㅌ																						
p ㅍ																						
h ㅎ																						
kk ㄲ																						
tt ㄸ																						
pp ㅃ																						
ss ㅆ																						
jj ㅉ																						

자음   모음

ㅈ ㅑ = 쟈
j ya jya

쓰기연습

로마자 표기법

	a ㅏ	ya ㅑ	eo ㅓ	yeo ㅕ	o ㅗ	yo ㅛ	u ㅜ	yu ㅠ	eu ㅡ	i ㅣ	ae ㅐ	yae ㅒ	e ㅔ	ye ㅖ	wa ㅘ	wae ㅙ	oe ㅚ	wo ㅝ	we ㅞ	wi ㅟ	ui ㅢ
g/k ㄱ																					
n ㄴ																					
d/t ㄷ																					
r/l ㄹ																					
m ㅁ																					
b/p ㅂ																					
s ㅅ																					
/ng ㅇ																					
j ㅈ																					
ch ㅊ																					
k ㅋ																					
t ㅌ																					
p ㅍ																					
h ㅎ																					
kk ㄲ																					
tt ㄸ																					
pp ㅃ																					
ss ㅆ																					
jj ㅉ																					

자음　　모음

ㅊ　ㅑ = 챠

ch　ya = chya

쓰기연습

로마자 표기법

	a ㅏ	ya ㅑ	eo ㅓ	yeo ㅕ	o ㅗ	yo ㅛ	u ㅜ	yu ㅠ	eu ㅡ	i ㅣ	ae ㅐ	yae ㅒ	e ㅔ	ye ㅖ	wa ㅘ	wae ㅙ	oe ㅚ	wo ㅝ	we ㅞ	wi ㅟ	ui ㅢ
g/k ㄱ																					
n ㄴ																					
d/t ㄷ																						
r/l ㄹ																						
m ㅁ																						
b/p ㅂ																						
s ㅅ																						
/ng ㅇ																						
j ㅈ																						
ch ㅊ																						
k ㅋ																						
t ㅌ																						
p ㅍ																						
h ㅎ																						
kk ㄲ																						
tt ㄸ																						
pp ㅃ																						
ss ㅆ																						
jj ㅉ																						

자음　　모음

ㅋ　ㅑ = 캬

k　ya = kya

쓰기연습

로마자 표기법

	a ㅏ	ya ㅑ	eo ㅓ	yeo ㅕ	o ㅗ	yo ㅛ	u ㅜ	yu ㅠ	eu ㅡ	i ㅣ	ae ㅐ	yae ㅒ	e ㅔ	ye ㅖ	wa ㅘ	wae ㅙ	oe ㅚ	wo ㅝ	we ㅞ	wi ㅟ	ui ㅢ
g/k ㄱ																					
n ㄴ																					
d/t ㄷ																					
r/l ㄹ																					
m ㅁ																					
b/p ㅂ																					
s ㅅ																					
/ng ㅇ																					
j ㅈ																					
ch ㅊ																					
k ㅋ																					
t ㅌ																					
p ㅍ																					
h ㅎ																					
kk ㄲ																					
tt ㄸ																					
pp ㅃ																					
ss ㅆ																					
jj ㅉ																					

자음 모음

ㅌ ㅑ = 탸

t ya tya

쓰기연습

로마자 표기법

	a ㅏ	ya ㅑ	eo ㅓ	yeo ㅕ	o ㅗ	yo ㅛ	u ㅜ	yu ㅠ	eu ㅡ	i ㅣ	ae ㅐ	yae ㅒ	e ㅔ	ye ㅖ	wa ㅘ	wae ㅙ	oe ㅚ	wo ㅝ	we ㅞ	wi ㅟ	ui ㅢ
g/k ㄱ																					
n ㄴ																					
d/t ㄷ																					
r/l ㄹ																					
m ㅁ																					
b/p ㅂ																					
s ㅅ																					
/ng ㅇ																					
j ㅈ																					
ch ㅊ																					
k ㅋ																					
t ㅌ																					
p ㅍ																					
h ㅎ																					
kk ㄲ																					
tt ㄸ																					
pp ㅃ																					
ss ㅆ																					
jj ㅉ																					

자음 모음

ㅍ ㅑ = 퍄

p ya pya

쓰기연습

로마자 표기법

	a ㅏ	ya ㅑ	eo ㅓ	yeo ㅕ	o ㅗ	yo ㅛ	u ㅜ	yu ㅠ	eu ㅡ	i ㅣ	ae ㅐ	yae ㅒ	e ㅔ	ye ㅖ	wa ㅘ	wae ㅙ	oe ㅚ	wo ㅝ	we ㅞ	wi ㅟ	ui ㅢ
g/k ㄱ																					
n ㄴ																					
d/t ㄷ																					
r/l ㄹ																					
m ㅁ																					
b/p ㅂ																					
s ㅅ																					
/ng ㅇ																					
j ㅈ																					
ch ㅊ																					
k ㅋ																					
t ㅌ																					
p ㅍ																					
h ㅎ																					
kk ㄲ																					
tt ㄸ																					
pp ㅃ																					
ss ㅆ																					
jj ㅉ																					

자음 모음

ㅎ ㅑ = 햐

h ya = hya

쓰기연습

로마자 표기법

	a ㅏ	ya ㅑ	eo ㅓ	yeo ㅕ	o ㅗ	yo ㅛ	u ㅜ	yu ㅠ	eu ㅡ	i ㅣ	ae ㅐ	yae ㅒ	e ㅔ	ye ㅖ	wa ㅘ	wae ㅙ	oe ㅚ	wo ㅝ	we ㅞ	wi ㅟ	ui ㅢ
g/k ㄱ																					
n ㄴ																					
d/t ㄷ																					
r/l ㄹ																					
m ㅁ																					
b/p ㅂ																					
s ㅅ																					
/ng ㅇ																					
j ㅈ																					
ch ㅊ																					
k ㅋ																					
t ㅌ																					
p ㅍ																					
h ㅎ																					
kk ㄲ																					
tt ㄸ																					
pp ㅃ																					
ss ㅆ																					
jj ㅉ																					

자음 모음

ㄲ ㅑ = 꺄

kk ya = kkya

쓰기연습

로마자 표기법

	a ㅏ	ya ㅑ	eo ㅓ	yeo ㅕ	o ㅗ	yo ㅛ	u ㅜ	yu ㅠ	eu ㅡ	i ㅣ	ae ㅐ	yae ㅒ	e ㅔ	ye ㅖ	wa ㅘ	wae ㅙ	oe ㅚ	wo ㅝ	we ㅞ	wi ㅟ	ui ㅢ
g/k ㄱ																					
n ㄴ																					
d/t ㄷ																					
r/l ㄹ																					
m ㅁ																					
b/p ㅂ																					
s ㅅ																					
/ng ㅇ																					
j ㅈ																					
ch ㅊ																					
k ㅋ																					
t ㅌ																					
p ㅍ																					
h ㅎ																					
kk ㄲ																					
tt ㄸ																					
pp ㅃ																					
ss ㅆ																					
jj ㅉ																					

자음 모음

ㄸ ㅑ = 땨

tt ya = ttya

쓰기연습

로마자 표기법

	a ㅏ	ya ㅑ	eo ㅓ	yeo ㅕ	o ㅗ	yo ㅛ	u ㅜ	yu ㅠ	eu ㅡ	i ㅣ	ae ㅐ	yae ㅒ	e ㅔ	ye ㅖ	wa ㅘ	wae ㅙ	oe ㅚ	wo ㅝ	we ㅞ	wi ㅟ	ui ㅢ
g/k ㄱ																					
n ㄴ																					
d/t ㄷ																					
r/l ㄹ																					
m ㅁ																					
b/p ㅂ																					
s ㅅ																					
/ng ㅇ																					
j ㅈ																					
ch ㅊ																					
k ㅋ																					
t ㅌ																					
p ㅍ																					
h ㅎ																					
kk ㄲ																					
tt ㄸ																					
pp ㅃ																					
ss ㅆ																					
jj ㅉ																					

자음 모음

ㅃ ㅑ = 뺘

pp ya = ppya

쓰기연습

로마자 표기법

	a ㅏ	ya ㅑ	eo ㅓ	yeo ㅕ	o ㅗ	yo ㅛ	u ㅜ	yu ㅠ	eu ㅡ	i ㅣ	ae ㅐ	yae ㅒ	e ㅔ	ye ㅖ	wa ㅘ	wae ㅙ	oe ㅚ	wo ㅝ	we ㅞ	wi ㅟ	ui ㅢ
g/k ㄱ																					
n ㄴ																					
d/t ㄷ																					
r/l ㄹ																					
m ㅁ																					
b/p ㅂ																					
s ㅅ																					
/ng ㅇ																					
j ㅈ																					
ch ㅊ																					
k ㅋ																					
t ㅌ																					
p ㅍ																					
h ㅎ																					
kk ㄲ																					
tt ㄸ																					
pp ㅃ																					
ss ㅆ																					
jj ㅉ																					

자음 모음

ㅆ ㅑ = 쌰

ss ya = ssya

쓰기연습

로마자 표기법

	a ㅏ	ya ㅑ	eo ㅓ	yeo ㅕ	o ㅗ	yo ㅛ	u ㅜ	yu ㅠ	eu ㅡ	i ㅣ	ae ㅐ	yae ㅒ	e ㅔ	ye ㅖ	wa ㅘ	wae ㅙ	oe ㅚ	wo ㅝ	we ㅞ	wi ㅟ	ui ㅢ
g/k ㄱ																					
n ㄴ																					
d/t ㄷ																					
r/l ㄹ																					
m ㅁ																					
b/p ㅂ																					
s ㅅ																					
/ng ㅇ																					
j ㅈ																					
ch ㅊ																					
k ㅋ																					
t ㅌ																					
p ㅍ																					
h ㅎ																					
kk ㄲ																					
tt ㄸ																					
pp ㅃ																					
ss ㅆ																					
jj ㅉ																					

자음 모음

ㅉ ㅑ = 쨔

jj ya = jjya

쓰기연습

로마자 표기법

	a ㅏ	ya ㅑ	eo ㅓ	yeo ㅕ	o ㅗ	yo ㅛ	u ㅜ	yu ㅠ	eu ㅡ	i ㅣ	ae ㅐ	yae ㅒ	e ㅔ	ye ㅖ	wa ㅘ	wae ㅙ	oe ㅚ	wo ㅝ	we ㅞ	wi ㅟ	ui ㅢ
g/k ㄱ																					
n ㄴ																					
d/t ㄷ																					
r/l ㄹ																					
m ㅁ																					
b/p ㅂ																					
s ㅅ																					
/ng ㅇ																					
j ㅈ																					
ch ㅊ																					
k ㅋ																					
t ㅌ																					
p ㅍ																					
h ㅎ																					
kk ㄲ																					
tt ㄸ																					
pp ㅃ																					
ss ㅆ																					
jj ㅉ																					

자음 모음

ㄱ ㅓ = 거

g eo geo

쓰기연습

로마자 표기법

자음 모음

ㄴ ㅓ = 너

n eo neo

쓰기연습

로마자 표기법

	a ㅏ	ya ㅑ	eo ㅓ	yeo ㅕ	o ㅗ	yo ㅛ	u ㅜ	yu ㅠ	eu ㅡ	i ㅣ	ae ㅐ	yae ㅒ	e ㅔ	ye ㅖ	wa ㅘ	wae ㅙ	oe ㅚ	wo ㅝ	we ㅞ	wi ㅟ	ui ㅢ
g/k ㄱ																					
n ㄴ																					
d/t ㄷ																					
r/l ㄹ																					
m ㅁ																					
b/p ㅂ																					
s ㅅ																					
/ng ㅇ																					
j ㅈ																					
ch ㅊ																					
k ㅋ																					
t ㅌ																					
p ㅍ																					
h ㅎ																					
kk ㄲ																					
tt ㄸ																					
pp ㅃ																					
ss ㅆ																					
jj ㅉ																					

자음　　모음

ㄷ　ㅓ　=　더

d　eo　　deo

쓰기연습

로마자 표기법

자음　　모음

ㄹ　ㅓ　=　러

r　eo　　reo

쓰기연습

로마자 표기법

	a ㅏ	ya ㅑ	eo ㅓ	yeo ㅕ	o ㅗ	yo ㅛ	u ㅜ	yu ㅠ	eu ㅡ	i ㅣ	ae ㅐ	yae ㅒ	e ㅔ	ye ㅖ	wa ㅘ	wae ㅙ	oe ㅚ	wo ㅝ	we ㅞ	wi ㅟ	ui ㅢ
g/k ㄱ																					
n ㄴ																					
d/t ㄷ																					
r/l ㄹ																					
m ㅁ																					
b/p ㅂ																					
s ㅅ																					
/ng ㅇ																					
j ㅈ																					
ch ㅊ																					
k ㅋ																					
t ㅌ																					
p ㅍ																					
h ㅎ																					
kk ㄲ																					
tt ㄸ																					
pp ㅃ																					
ss ㅆ																					
jj ㅉ																					

자음   모음

ㅁ   ㅓ   =   머

m   eo   meo

쓰기연습

로마자 표기법

	a ㅏ	ya ㅑ	eo ㅓ	yeo ㅕ	o ㅗ	yo ㅛ	u ㅜ	yu ㅠ	eu ㅡ	i ㅣ	ae ㅐ	yae ㅒ	e ㅔ	ye ㅖ	wa ㅘ	wae ㅙ	oe ㅚ	wo ㅝ	we ㅞ	wi ㅟ	ui ㅢ
g/k ㄱ																					
n ㄴ																					
d/t ㄷ																					
r/l ㄹ																					
m ㅁ																					
b/p ㅂ																					
s ㅅ																					
/ng ㅇ																					
j ㅈ																					
ch ㅊ																					
k ㅋ																					
t ㅌ																					
p ㅍ																					
h ㅎ																					
kk ㄲ																					
tt ㄸ																					
pp ㅃ																					
ss ㅆ																					
jj ㅉ																					

자음   모음

ㅂ   ㅓ   =   버

b   eo   beo

쓰기연습

로마자 표기법

ㅅ ㅓ = 서

s eo seo

쓰기연습

로마자 표기법

어 ㅇ = 엉

eo ng eong

쓰기연습

로마자 표기법

	a ㅏ	ya ㅑ	eo ㅓ	yeo ㅕ	o ㅗ	yo ㅛ	u ㅜ	yu ㅠ	eu ㅡ	i ㅣ	ae ㅐ	yae ㅒ	e ㅔ	ye ㅖ	wa ㅘ	wae ㅙ	oe ㅚ	wo ㅝ	we ㅞ	wi ㅟ	ui ㅢ
g/k ㄱ																					
n ㄴ																					
d/t ㄷ																					
r/l ㄹ																					
m ㅁ																					
b/p ㅂ																					
s ㅅ																					
/ng ㅇ																					
j ㅈ																					
ch ㅊ																					
k ㅋ																					
t ㅌ																					
p ㅍ																					
h ㅎ																					
kk ㄲ																					
tt ㄸ																					
pp ㅃ																					
ss ㅆ																					
jj ㅉ																					

자음   모음

ㅈ   ㅓ = 저
j   eo   jeo

쓰기연습

로마자 표기법

	a ㅏ	ya ㅑ	eo ㅓ	yeo ㅕ	o ㅗ	yo ㅛ	u ㅜ	yu ㅠ	eu ㅡ	i ㅣ	ae ㅐ	yae ㅒ	e ㅔ	ye ㅖ	wa ㅘ	wae ㅙ	oe ㅚ	wo ㅝ	we ㅞ	wi ㅟ	ui ㅢ
g/k ㄱ																					
n ㄴ																					
d/t ㄷ																						
r/l ㄹ																						
m ㅁ																						
b/p ㅂ																						
s ㅅ																						
/ng ㅇ																						
j ㅈ																						
ch ㅊ																						
k ㅋ																						
t ㅌ																						
p ㅍ																						
h ㅎ																						
kk ㄲ																						
tt ㄸ																						
pp ㅃ																						
ss ㅆ																						
jj ㅉ																						

자음   모음

ㅊ   ㅓ = 처
ch   eo   cheo

쓰기연습

로마자 표기법

	a ㅏ	ya ㅑ	eo ㅓ	yeo ㅕ	o ㅗ	yo ㅛ	u ㅜ	yu ㅠ	eu ㅡ	i ㅣ	ae ㅐ	yae ㅒ	e ㅔ	ye ㅖ	wa ㅘ	wae ㅙ	oe ㅚ	wo ㅝ	we ㅞ	wi ㅟ	ui ㅢ
g/k ㄱ																					
n ㄴ																					
d/t ㄷ																					
r/l ㄹ																					
m ㅁ																					
b/p ㅂ																					
s ㅅ																					
/ng ㅇ																					
j ㅈ																					
ch ㅊ																					
k ㅋ																					
t ㅌ																					
p ㅍ																					
h ㅎ																					
kk ㄲ																					
tt ㄸ																					
pp ㅃ																					
ss ㅆ																					
jj ㅉ																					

자음   모음

ㅋ ㅓ = 커
k eo keo

쓰기연습

로마자 표기법

자음   모음

ㅌ ㅓ = 터
t eo teo

쓰기연습

로마자 표기법

	a ㅏ	ya ㅑ	eo ㅓ	yeo ㅕ	o ㅗ	yo ㅛ	u ㅜ	yu ㅠ	eu ㅡ	i ㅣ	ae ㅐ	yae ㅒ	e ㅔ	ye ㅖ	wa ㅘ	wae ㅙ	oe ㅚ	wo ㅝ	we ㅞ	wi ㅟ	ui ㅢ
g/k ㄱ																					
n ㄴ																					
d/t ㄷ																					
r/l ㄹ																					
m ㅁ																					
b/p ㅂ																					
s ㅅ																					
/ng ㅇ																					
j ㅈ																					
ch ㅊ																					
k ㅋ																					
t ㅌ																					
p ㅍ																					
h ㅎ																					
kk ㄲ																					
tt ㄸ																					
pp ㅃ																					
ss ㅆ																					
jj ㅉ																					

자음　모음

ㅍ　ㅓ　=　퍼

p　eo　　peo

쓰기연습

로마자 표기법

자음　모음

ㅎ　ㅓ　=　허

h　eo　　heo

쓰기연습

로마자 표기법

	a ㅏ	ya ㅑ	eo ㅓ	yeo ㅕ	o ㅗ	yo ㅛ	u ㅜ	yu ㅠ	eu ㅡ	i ㅣ	ae ㅐ	yae ㅒ	e ㅔ	ye ㅖ	wa ㅘ	wae ㅙ	oe ㅚ	wo ㅝ	we ㅞ	wi ㅟ	ui ㅢ
g/k ㄱ																					
n ㄴ																					
d/t ㄷ																					
r/l ㄹ																					
m ㅁ																					
b/p ㅂ																					
s ㅅ																					
/ng ㅇ																					
j ㅈ																					
ch ㅊ																					
k ㅋ																					
t ㅌ																					
p ㅍ																					
h ㅎ																					
kk ㄲ																					
tt ㄸ																					
pp ㅃ																					
ss ㅆ																					
jj ㅉ																					

자음   모음

ㄲ ㅓ = 꺼

kk eo = kkeo

쓰기연습

로마자 표기법

자음   모음

ㄸ ㅓ = 떠

tt eo = tteo

쓰기연습

로마자 표기법

	a ㅏ	ya ㅑ	eo ㅓ	yeo ㅕ	o ㅗ	yo ㅛ	u ㅜ	yu ㅠ	eu ㅡ	i ㅣ	ae ㅐ	yae ㅒ	e ㅔ	ye ㅖ	wa ㅘ	wae ㅙ	oe ㅚ	wo ㅝ	we ㅞ	wi ㅟ	ui ㅢ
g/k ㄱ																					
n ㄴ																					
d/t ㄷ																					
r/l ㄹ																					
m ㅁ																					
b/p ㅂ																					
s ㅅ																					
/ng ㅇ																					
j ㅈ																					
ch ㅊ																					
k ㅋ																					
t ㅌ																					
p ㅍ																					
h ㅎ																					
kk ㄲ																					
tt ㄸ																					
pp ㅃ																					
ss ㅆ																					
jj ㅉ																					

자음   모음

ㅃ   ㅓ = 뻐

pp eo   ppeo

쓰기연습

로마자 표기법

	a ㅏ	ya ㅑ	eo ㅓ	yeo ㅕ	o ㅗ	yo ㅛ	u ㅜ	yu ㅠ	eu ㅡ	i ㅣ	ae ㅐ	yae ㅒ	e ㅔ	ye ㅖ	wa ㅘ	wae ㅙ	oe ㅚ	wo ㅝ	we ㅞ	wi ㅟ	ui ㅢ
g/k ㄱ																					
n ㄴ																					
d/t ㄷ																						
r/l ㄹ																					
m ㅁ																					
b/p ㅂ																					
s ㅅ																					
/ng ㅇ																					
j ㅈ																					
ch ㅊ																					
k ㅋ																					
t ㅌ																					
p ㅍ																					
h ㅎ																					
kk ㄲ																					
tt ㄸ																					
pp ㅃ																					
ss ㅆ																					
jj ㅉ																					

자음   모음

ㅆ   ㅓ = 써

ss eo   sseo

쓰기연습

로마자 표기법

	a ㅏ	ya ㅑ	(eo) ㅓ	yeo ㅕ	o ㅗ	yo ㅛ	u ㅜ	yu ㅠ	eu ㅡ	i ㅣ	ae ㅐ	yae ㅒ	e ㅔ	ye ㅖ	wa ㅘ	wae ㅙ	oe ㅚ	wo ㅝ	we ㅞ	wi ㅟ	ui ㅢ
g/k ㄱ																					
n ㄴ																					
d/t ㄷ																					
r/l ㄹ																					
m ㅁ																					
b/p ㅂ																					
s ㅅ																					
/ng ㅇ																					
j ㅈ																					
ch ㅊ																					
k ㅋ																					
t ㅌ																					
p ㅍ																					
h ㅎ																					
kk ㄲ																					
tt ㄸ																					
pp ㅃ																					
ss ㅆ																					
(jj) ㅉ																					

자음   모음

ㅉ ㅓ = 쩌

jj eo jjeo

쓰기연습

로마자 표기법

	a ㅏ	ya ㅑ	eo ㅓ	(yeo) ㅕ	o ㅗ	yo ㅛ	u ㅜ	yu ㅠ	eu ㅡ	i ㅣ	ae ㅐ	yae ㅒ	e ㅔ	ye ㅖ	wa ㅘ	wae ㅙ	oe ㅚ	wo ㅝ	we ㅞ	wi ㅟ	ui ㅢ
(g/k) ㄱ																					
n ㄴ																					
d/t ㄷ																					
r/l ㄹ																					
m ㅁ																					
b/p ㅂ																					
s ㅅ																					
/ng ㅇ																					
j ㅈ																					
ch ㅊ																					
k ㅋ																					
t ㅌ																					
p ㅍ																					
h ㅎ																					
kk ㄲ																					
tt ㄸ																					
pp ㅃ																					
ss ㅆ																					
jj ㅉ																					

자음   모음

ㄱ ㅕ = 겨

g yeo gyeo

쓰기연습

로마자 표기법

	a ㅏ	ya ㅑ	eo ㅓ	yeo ㅕ	o ㅗ	yo ㅛ	u ㅜ	yu ㅠ	eu ㅡ	i ㅣ	ae ㅐ	yae ㅒ	e ㅔ	ye ㅖ	wa ㅘ	wae ㅙ	oe ㅚ	wo ㅝ	we ㅞ	wi ㅟ	ui ㅢ
g/k ㄱ																					
n ㄴ																					
d/t ㄷ																					
r/l ㄹ																					
m ㅁ																					
b/p ㅂ																					
s ㅅ																					
/ng ㅇ																					
j ㅈ																					
ch ㅊ																					
k ㅋ																					
t ㅌ																					
p ㅍ																					
h ㅎ																					
kk ㄲ																					
tt ㄸ																					
pp ㅃ																					
ss ㅆ																					
jj ㅉ																					

자음 모음

ㄴ ㅕ = 녀

n yeo nyeo

쓰기연습

로마자 표기법

	a ㅏ	ya ㅑ	eo ㅓ	yeo ㅕ	o ㅗ	yo ㅛ	u ㅜ	yu ㅠ	eu ㅡ	i ㅣ	ae ㅐ	yae ㅒ	e ㅔ	ye ㅖ	wa ㅘ	wae ㅙ	oe ㅚ	wo ㅝ	we ㅞ	wi ㅟ	ui ㅢ
g/k ㄱ																					
n ㄴ																					
d/t ㄷ																						
r/l ㄹ																						
m ㅁ																						
b/p ㅂ																						
s ㅅ																						
/ng ㅇ																						
j ㅈ																						
ch ㅊ																						
k ㅋ																						
t ㅌ																						
p ㅍ																						
h ㅎ																						
kk ㄲ																						
tt ㄸ																						
pp ㅃ																						
ss ㅆ																						
jj ㅉ																						

자음 모음

ㄷ ㅕ = 뎌

d yeo dyeo

쓰기연습

로마자 표기법

	a ㅏ	ya ㅑ	eo ㅓ	(yeo) ㅕ	o ㅗ	yo ㅛ	u ㅜ	yu ㅠ	eu ㅡ	i ㅣ	ae ㅐ	yae ㅒ	e ㅔ	ye ㅖ	wa ㅘ	wae ㅙ	oe ㅚ	wo ㅝ	we ㅞ	wi ㅟ	ui ㅢ
g/k ㄱ																					
n ㄴ																					
d/t ㄷ																					
(r/l) ㄹ																					
m ㅁ																					
b/p ㅂ																					
s ㅅ																					
/ng ㅇ																					
j ㅈ																					
ch ㅊ																					
k ㅋ																					
t ㅌ																					
p ㅍ																					
h ㅎ																					
kk ㄲ																					
tt ㄸ																					
pp ㅃ																					
ss ㅆ																					
jj ㅉ																					

자음　　모음

ㄹ　ㅕ　＝　려

r　yeo　ryeo

쓰기연습

로마자 표기법

	a ㅏ	ya ㅑ	eo ㅓ	(yeo) ㅕ	o ㅗ	yo ㅛ	u ㅜ	yu ㅠ	eu ㅡ	i ㅣ	ae ㅐ	yae ㅒ	e ㅔ	ye ㅖ	wa ㅘ	wae ㅙ	oe ㅚ	wo ㅝ	we ㅞ	wi ㅟ	ui ㅢ
g/k ㄱ																					
n ㄴ																					
d/t ㄷ																					
r/l ㄹ																					
(m) ㅁ																					
b/p ㅂ																					
s ㅅ																					
/ng ㅇ																					
j ㅈ																					
ch ㅊ																					
k ㅋ																					
t ㅌ																					
p ㅍ																					
h ㅎ																					
kk ㄲ																					
tt ㄸ																					
pp ㅃ																					
ss ㅆ																					
jj ㅉ																					

자음　　모음

ㅁ　ㅕ　＝　며

m　yeo　myeo

쓰기연습

로마자 표기법

	a ㅏ	ya ㅑ	eo ㅓ	yeo ㅕ	o ㅗ	yo ㅛ	u ㅜ	yu ㅠ	eu ㅡ	i ㅣ	ae ㅐ	yae ㅒ	e ㅔ	ye ㅖ	wa ㅘ	wae ㅙ	oe ㅚ	wo ㅝ	we ㅞ	wi ㅟ	ui ㅢ
g/k ㄱ																					
n ㄴ																					
d/t ㄷ																					
r/l ㄹ																					
m ㅁ																					
b/p ㅂ																					
s ㅅ																					
/ng ㅇ																					
j ㅈ																					
ch ㅊ																					
k ㅋ																					
t ㅌ																					
p ㅍ																					
h ㅎ																					
kk ㄲ																					
tt ㄸ																					
pp ㅃ																					
ss ㅆ																					
jj ㅉ																					

자음	모음		
ㅂ	ㅕ	=	벼
b	yeo	=	byeo

쓰기연습

로마자 표기법

	a ㅏ	ya ㅑ	eo ㅓ	yeo ㅕ	o ㅗ	yo ㅛ	u ㅜ	yu ㅠ	eu ㅡ	i ㅣ	ae ㅐ	yae ㅒ	e ㅔ	ye ㅖ	wa ㅘ	wae ㅙ	oe ㅚ	wo ㅝ	we ㅞ	wi ㅟ	ui ㅢ
g/k ㄱ																					
n ㄴ																					
d/t ㄷ																					
r/l ㄹ																					
m ㅁ																					
b/p ㅂ																					
s ㅅ																					
/ng ㅇ																					
j ㅈ																					
ch ㅊ																					
k ㅋ																					
t ㅌ																					
p ㅍ																					
h ㅎ																					
kk ㄲ																					
tt ㄸ																					
pp ㅃ																					
ss ㅆ																					
jj ㅉ																					

자음	모음		
ㅅ	ㅕ	=	셔
s	yeo	=	syeo

쓰기연습

로마자 표기법

| | a ㅏ | ya ㅑ | eo ㅓ | (yeo) ㅕ | o ㅗ | yo ㅛ | u ㅜ | yu ㅠ | eu ㅡ | i ㅣ | ae ㅐ | yae ㅒ | e ㅔ | ye ㅖ | wa ㅘ | wae ㅙ | oe ㅚ | wo ㅝ | we ㅞ | wi ㅟ | ui ㅢ |

g/k ㄱ
n ㄴ
d/t ㄷ
r/l ㄹ
m ㅁ
b/p ㅂ
s ㅅ
(/ng) ㅇ
j ㅈ
ch ㅊ
k ㅋ
t ㅌ
p ㅍ
h ㅎ
kk ㄲ
tt ㄸ
pp ㅃ
ss ㅆ
jj ㅉ

모음　자음
여 ㅇ = 영
yeo ng yeong

쓰기연습

로마자 표기법

| | a ㅏ | ya ㅑ | eo ㅓ | (yeo) ㅕ | o ㅗ | yo ㅛ | u ㅜ | yu ㅠ | eu ㅡ | i ㅣ | ae ㅐ | yae ㅒ | e ㅔ | ye ㅖ | wa ㅘ | wae ㅙ | oe ㅚ | wo ㅝ | we ㅞ | wi ㅟ | ui ㅢ |

g/k ㄱ
n ㄴ
d/t ㄷ
r/l ㄹ
m ㅁ
b/p ㅂ
s ㅅ
/ng ㅇ
(j) ㅈ
ch ㅊ
k ㅋ
t ㅌ
p ㅍ
h ㅎ
kk ㄲ
tt ㄸ
pp ㅃ
ss ㅆ
jj ㅉ

자음　모음
ㅈ ㅕ = 져
j yeo jyeo

쓰기연습

로마자 표기법

	a ㅏ	ya ㅑ	eo ㅓ	yeo ㅕ	o ㅗ	yo ㅛ	u ㅜ	yu ㅠ	eu ㅡ	i ㅣ	ae ㅐ	yae ㅒ	e ㅔ	ye ㅖ	wa ㅘ	wae ㅙ	oe ㅚ	wo ㅝ	we ㅞ	wi ㅟ	ui ㅢ
g/k ㄱ																					
n ㄴ																					
d/t ㄷ																					
r/l ㄹ																					
m ㅁ																					
b/p ㅂ																					
s ㅅ																					
/ng ㅇ																					
j ㅈ																					
ch ㅊ																					
k ㅋ																					
t ㅌ																					
p ㅍ																					
h ㅎ																					
kk ㄲ																					
tt ㄸ																					
pp ㅃ																					
ss ㅆ																					
jj ㅉ																					

자음 모음

ㅊ ㅕ = 쳐

ch yeo = chyeo

쓰기연습

로마자 표기법

	a ㅏ	ya ㅑ	eo ㅓ	yeo ㅕ	o ㅗ	yo ㅛ	u ㅜ	yu ㅠ	eu ㅡ	i ㅣ	ae ㅐ	yae ㅒ	e ㅔ	ye ㅖ	wa ㅘ	wae ㅙ	oe ㅚ	wo ㅝ	we ㅞ	wi ㅟ	ui ㅢ
g/k ㄱ																					
n ㄴ																					
d/t ㄷ																					
r/l ㄹ																					
m ㅁ																					
b/p ㅂ																					
s ㅅ																					
/ng ㅇ																					
j ㅈ																					
ch ㅊ																					
k ㅋ																					
t ㅌ																					
p ㅍ																					
h ㅎ																					
kk ㄲ																					
tt ㄸ																					
pp ㅃ																					
ss ㅆ																					
jj ㅉ																					

자음 모음

ㅋ ㅕ = 켜

k yeo = kyeo

쓰기연습

로마자 표기법

	a ㅏ	ya ㅑ	eo ㅓ	yeo ㅕ	o ㅗ	yo ㅛ	u ㅜ	yu ㅠ	eu ㅡ	i ㅣ	ae ㅐ	yae ㅒ	e ㅔ	ye ㅖ	wa ㅘ	wae ㅙ	oe ㅚ	wo ㅝ	we ㅞ	wi ㅟ	ui ㅢ

자음   모음

ㅌ ㅕ = 텨
t   yeo   tyeo

쓰기연습

로마자 표기법

자음   모음

ㅍ ㅕ = 펴
p   yeo   pyeo

쓰기연습

로마자 표기법

	a ㅏ	ya ㅑ	eo ㅓ	yeo ㅕ	o ㅗ	yo ㅛ	u ㅜ	yu ㅠ	eu ㅡ	i ㅣ	ae ㅐ	yae ㅒ	e ㅔ	ye ㅖ	wa ㅘ	wae ㅙ	oe ㅚ	wo ㅝ	we ㅞ	wi ㅟ	ui ㅢ
g/k ㄱ																					
n ㄴ																					
d/t ㄷ																					
r/l ㄹ																					
m ㅁ																					
b/p ㅂ																					
s ㅅ																					
/ng ㅇ																					
j ㅈ																					
ch ㅊ																					
k ㅋ																					
t ㅌ																					
p ㅍ																					
h ㅎ																					
kk ㄲ																					
tt ㄸ																					
pp ㅃ																					
ss ㅆ																					
jj ㅉ																					

자음　모음

ㅎ　ㅕ ＝ 혀

h　yeo ＝ hyeo

쓰기연습

로마자 표기법

	a ㅏ	ya ㅑ	eo ㅓ	yeo ㅕ	o ㅗ	yo ㅛ	u ㅜ	yu ㅠ	eu ㅡ	i ㅣ	ae ㅐ	yae ㅒ	e ㅔ	ye ㅖ	wa ㅘ	wae ㅙ	oe ㅚ	wo ㅝ	we ㅞ	wi ㅟ	ui ㅢ
g/k ㄱ																					
n ㄴ																					
d/t ㄷ																					
r/l ㄹ																					
m ㅁ																					
b/p ㅂ																					
s ㅅ																					
/ng ㅇ																					
j ㅈ																					
ch ㅊ																					
k ㅋ																					
t ㅌ																					
p ㅍ																					
h ㅎ																					
kk ㄲ																					
tt ㄸ																					
pp ㅃ																					
ss ㅆ																					
jj ㅉ																					

자음　모음

ㄲ　ㅕ ＝ 꺼

kk　yeo ＝ kkyeo

쓰기연습

로마자 표기법

	a ㅏ	ya ㅑ	eo ㅓ	yeo ㅕ	o ㅗ	yo ㅛ	u ㅜ	yu ㅠ	eu ㅡ	i ㅣ	ae ㅐ	yae ㅒ	e ㅔ	ye ㅖ	wa ㅘ	wae ㅙ	oe ㅚ	wo ㅝ	we ㅞ	wi ㅟ	ui ㅢ
g/k ㄱ																					
n ㄴ																					
d/t ㄷ																					
r/l ㄹ																					
m ㅁ																					
b/p ㅂ																					
s ㅅ																					
/ng ㅇ																					
j ㅈ																					
ch ㅊ																					
k ㅋ																					
t ㅌ																					
p ㅍ																					
h ㅎ																					
kk ㄲ																					
tt ㄸ																					
pp ㅃ																					
ss ㅆ																					
jj ㅉ																					

자음   모음

ㄸ + ㅕ = 떠

tt yeo = ttyeo

쓰기연습

로마자 표기법

자음   모음

ㅃ + ㅕ = 뼈

ppyeo   ppyeo

쓰기연습

로마자 표기법

	a ㅏ	ya ㅑ	eo ㅓ	yeo ㅕ	o ㅗ	yo ㅛ	u ㅜ	yu ㅠ	eu ㅡ	i ㅣ	ae ㅐ	yae ㅒ	e ㅔ	ye ㅖ	wa ㅘ	wae ㅙ	oe ㅚ	wo ㅝ	we ㅞ	wi ㅟ	ui ㅢ
g/k ㄱ																					
n ㄴ																					
d/t ㄷ																					
r/l ㄹ																					
m ㅁ																					
b/p ㅂ																					
s ㅅ																					
/ng ㅇ																					
j ㅈ																					
ch ㅊ																					
k ㅋ																					
t ㅌ																					
p ㅍ																					
h ㅎ																					
kk ㄲ																					
tt ㄸ																					
pp ㅃ																					
ss ㅆ																					
jj ㅉ																					

자음   모음

쓰 ㅕ = 써

ssyeo = ssyeo

쓰기연습

로마자 표기법

	a ㅏ	ya ㅑ	eo ㅓ	yeo ㅕ	o ㅗ	yo ㅛ	u ㅜ	yu ㅠ	eu ㅡ	i ㅣ	ae ㅐ	yae ㅒ	e ㅔ	ye ㅖ	wa ㅘ	wae ㅙ	oe ㅚ	wo ㅝ	we ㅞ	wi ㅟ	ui ㅢ
g/k ㄱ																					
n ㄴ																					
d/t ㄷ																						
r/l ㄹ																						
m ㅁ																						
b/p ㅂ																						
s ㅅ																						
/ng ㅇ																						
j ㅈ																						
ch ㅊ																						
k ㅋ																						
t ㅌ																						
p ㅍ																						
h ㅎ																						
kk ㄲ																						
tt ㄸ																						
pp ㅃ																						
ss ㅆ																						
jj ㅉ																						

자음   모음

ㅉ ㅕ = 쪄

jj yeo = jjyeo

쓰기연습

로마자 표기법

	a ㅏ	ya ㅑ	eo ㅓ	yeo ㅕ	o ㅗ	yo ㅛ	u ㅜ	yu ㅠ	eu ㅡ	i ㅣ	ae ㅐ	yae ㅒ	e ㅔ	ye ㅖ	wa ㅘ	wae ㅙ	oe ㅚ	wo ㅝ	we ㅞ	wi ㅟ	ui ㅢ
g/k ㄱ																					
n ㄴ																					
d/t ㄷ																					
r/l ㄹ																					
m ㅁ																					
b/p ㅂ																					
s ㅅ																					
/ng ㅇ																					
j ㅈ																					
ch ㅊ																					
k ㅋ																					
t ㅌ																					
p ㅍ																					
h ㅎ																					
kk ㄲ																					
tt ㄸ																					
pp ㅃ																					
ss ㅆ																					
jj ㅉ																					

자음 　 모음

ㄱ 　 ㅗ = 고
g 　 o 　 go

쓰기연습

로마자 표기법

자음 　 모음

ㄴ 　 ㅗ = 노
n 　 o 　 no

쓰기연습

로마자 표기법

	a ㅏ	ya ㅑ	eo ㅓ	yeo ㅕ	(o) ㅗ	yo ㅛ	u ㅜ	yu ㅠ	eu ㅡ	i ㅣ	ae ㅐ	yae ㅒ	e ㅔ	ye ㅖ	wa ㅘ	wae ㅙ	oe ㅚ	wo ㅝ	we ㅞ	wi ㅟ	ui ㅢ
g/k ㄱ																					
n ㄴ																					
(d/t) ㄷ																					
r/l ㄹ																					
m ㅁ																					
b/p ㅂ																					
s ㅅ																					
/ng ㅇ																					
j ㅈ																					
ch ㅊ																					
k ㅋ																					
t ㅌ																					
p ㅍ																					
h ㅎ																					
kk ㄲ																					
tt ㄸ																					
pp ㅃ																					
ss ㅆ																					
jj ㅉ																					

자음   모음

ㄷ   ㅗ = 도
d   o   do

쓰기연습

로마자 표기법

	a ㅏ	ya ㅑ	eo ㅓ	yeo ㅕ	(o) ㅗ	yo ㅛ	u ㅜ	yu ㅠ	eu ㅡ	i ㅣ	ae ㅐ	yae ㅒ	e ㅔ	ye ㅖ	wa ㅘ	wae ㅙ	oe ㅚ	wo ㅝ	we ㅞ	wi ㅟ	ui ㅢ
g/k ㄱ																					
n ㄴ																					
d/t ㄷ																					
(r/l) ㄹ																					
m ㅁ																					
b/p ㅂ																						
s ㅅ																					
/ng ㅇ																					
j ㅈ																					
ch ㅊ																					
k ㅋ																					
t ㅌ																					
p ㅍ																					
h ㅎ																					
kk ㄲ																					
tt ㄸ																					
pp ㅃ																					
ss ㅆ																					
jj ㅉ																					

자음   모음

ㄹ   ㅗ = 로
r   o   ro

쓰기연습

로마자 표기법

	a ㅏ	ya ㅑ	eo ㅓ	yeo ㅕ	(o) ㅗ	yo ㅛ	u ㅜ	yu ㅠ	eu ㅡ	i ㅣ	ae ㅐ	yae ㅒ	e ㅔ	ye ㅖ	wa ㅘ	wae ㅙ	oe ㅚ	wo ㅝ	we ㅞ	wi ㅟ	ui ㅢ
g/k ㄱ																					
n ㄴ																					
d/t ㄷ																					
r/l ㄹ																					
(m) ㅁ																					
b/p ㅂ																					
s ㅅ																					
/ng ㅇ																					
j ㅈ																					
ch ㅊ																					
k ㅋ																					
t ㅌ																					
p ㅍ																					
h ㅎ																					
kk ㄲ																					
tt ㄸ																					
pp ㅃ																					
ss ㅆ																					
jj ㅉ																					

자음   모음

ㅁ   ㅗ = 모
m   o   mo

쓰기연습

로마자 표기법

	a ㅏ	ya ㅑ	eo ㅓ	yeo ㅕ	(o) ㅗ	yo ㅛ	u ㅜ	yu ㅠ	eu ㅡ	i ㅣ	ae ㅐ	yae ㅒ	e ㅔ	ye ㅖ	wa ㅘ	wae ㅙ	oe ㅚ	wo ㅝ	we ㅞ	wi ㅟ	ui ㅢ
g/k ㄱ																					
n ㄴ																					
d/t ㄷ																					
r/l ㄹ																					
m ㅁ																					
(b/p) ㅂ																					
s ㅅ																					
/ng ㅇ																					
j ㅈ																					
ch ㅊ																					
k ㅋ																					
t ㅌ																					
p ㅍ																					
h ㅎ																					
kk ㄲ																					
tt ㄸ																					
pp ㅃ																					
ss ㅆ																					
jj ㅉ																					

자음   모음

ㅂ   ㅗ = 보
b   o   bo

쓰기연습

로마자 표기법

	a ㅏ	ya ㅑ	eo ㅓ	yeo ㅕ	o ㅗ	yo ㅛ	u ㅜ	yu ㅠ	eu ㅡ	i ㅣ	ae ㅐ	yae ㅒ	e ㅔ	ye ㅖ	wa ㅘ	wae ㅙ	oe ㅚ	wo ㅝ	we ㅞ	wi ㅟ	ui ㅢ
g/k ㄱ																					
n ㄴ																					
d/t ㄷ																					
r/l ㄹ																					
m ㅁ																					
b/p ㅂ																					
s ㅅ																					
/ng ㅇ																					
j ㅈ																					
ch ㅊ																					
k ㅋ																					
t ㅌ																					
p ㅍ																					
h ㅎ																					
kk ㄲ																					
tt ㄸ																					
pp ㅃ																					
ss ㅆ																					
jj ㅉ																					

자음	모음		
ㅅ	ㅗ	=	소
s	o		so

쓰기연습

로마자 표기법

	a ㅏ	ya ㅑ	eo ㅓ	yeo ㅕ	o ㅗ	yo ㅛ	u ㅜ	yu ㅠ	eu ㅡ	i ㅣ	ae ㅐ	yae ㅒ	e ㅔ	ye ㅖ	wa ㅘ	wae ㅙ	oe ㅚ	wo ㅝ	we ㅞ	wi ㅟ	ui ㅢ
g/k ㄱ																					
n ㄴ																					
d/t ㄷ																					
r/l ㄹ																					
m ㅁ																					
b/p ㅂ																					
s ㅅ																					
/ng ㅇ																					
j ㅈ																					
ch ㅊ																					
k ㅋ																					
t ㅌ																					
p ㅍ																					
h ㅎ																					
kk ㄲ																					
tt ㄸ																					
pp ㅃ																					
ss ㅆ																					
jj ㅉ																					

모음	자음		
오	ㅇ	=	옹
o	ng		ong

쓰기연습

로마자 표기법

	a ㅏ	ya ㅑ	eo ㅓ	yeo ㅕ	o ㅗ	yo ㅛ	u ㅜ	yu ㅠ	eu ㅡ	i ㅣ	ae ㅐ	yae ㅒ	e ㅔ	ye ㅖ	wa ㅘ	wae ㅙ	oe ㅚ	wo ㅝ	we ㅞ	wi ㅟ	ui ㅢ
g/k ㄱ																					
n ㄴ																					
d/t ㄷ																					
r/l ㄹ																					
m ㅁ																					
b/p ㅂ																					
s ㅅ																					
/ng ㅇ																					
j ㅈ																					
ch ㅊ																					
k ㅋ																					
t ㅌ																					
p ㅍ																					
h ㅎ																					
kk ㄲ																					
tt ㄸ																					
pp ㅃ																					
ss ㅆ																					
jj ㅉ																					

자음 모음

ㅈ ㅗ = 조

j o jo

쓰기연습

로마자 표기법

	a ㅏ	ya ㅑ	eo ㅓ	yeo ㅕ	o ㅗ	yo ㅛ	u ㅜ	yu ㅠ	eu ㅡ	i ㅣ	ae ㅐ	yae ㅒ	e ㅔ	ye ㅖ	wa ㅘ	wae ㅙ	oe ㅚ	wo ㅝ	we ㅞ	wi ㅟ	ui ㅢ
g/k ㄱ																					
n ㄴ																					
d/t ㄷ																					
r/l ㄹ																					
m ㅁ																					
b/p ㅂ																					
s ㅅ																					
/ng ㅇ																					
j ㅈ																					
ch ㅊ																					
k ㅋ																					
t ㅌ																					
p ㅍ																					
h ㅎ																					
kk ㄲ																					
tt ㄸ																					
pp ㅃ																					
ss ㅆ																					
jj ㅉ																					

자음 모음

ㅊ ㅗ = 초

ch o cho

쓰기연습

로마자 표기법

	a ㅏ	ya ㅑ	eo ㅓ	yeo ㅕ	(o) ㅗ	yo ㅛ	u ㅜ	yu ㅠ	eu ㅡ	i ㅣ	ae ㅐ	yae ㅒ	e ㅔ	ye ㅖ	wa ㅘ	wae ㅙ	oe ㅚ	wo ㅝ	we ㅞ	wi ㅟ	ui ㅢ
g/k ㄱ																					
n ㄴ																					
d/t ㄷ																					
r/l ㄹ																					
m ㅁ																					
b/p ㅂ																					
s ㅅ																					
/ng ㅇ																					
j ㅈ																					
ch ㅊ																					
(k) ㅋ																					
t ㅌ																					
p ㅍ																					
h ㅎ																					
kk ㄲ																					
tt ㄸ																					
pp ㅃ																					
ss ㅆ																					
jj ㅉ																					

자음   모음

ㅋ   ㅗ = 코
k   o   ko

쓰기연습

로마자 표기법

	a ㅏ	ya ㅑ	eo ㅓ	yeo ㅕ	(o) ㅗ	yo ㅛ	u ㅜ	yu ㅠ	eu ㅡ	i ㅣ	ae ㅐ	yae ㅒ	e ㅔ	ye ㅖ	wa ㅘ	wae ㅙ	oe ㅚ	wo ㅝ	we ㅞ	wi ㅟ	ui ㅢ
g/k ㄱ																					
n ㄴ																					
d/t ㄷ																					
r/l ㄹ																					
m ㅁ																					
b/p ㅂ																					
s ㅅ																					
/ng ㅇ																					
j ㅈ																					
ch ㅊ																					
k ㅋ																					
(t) ㅌ																					
p ㅍ																					
h ㅎ																					
kk ㄲ																					
tt ㄸ																					
pp ㅃ																					
ss ㅆ																					
jj ㅉ																					

자음   모음

ㅌ   ㅗ = 토
t   o   to

쓰기연습

로마자 표기법

	a ㅏ	ya ㅑ	eo ㅓ	yeo ㅕ	(o) ㅗ	yo ㅛ	u ㅜ	yu ㅠ	eu ㅡ	i ㅣ	ae ㅐ	yae ㅒ	e ㅔ	ye ㅖ	wa ㅘ	wae ㅙ	oe ㅚ	wo ㅝ	we ㅞ	wi ㅟ	ui ㅢ
g/k ㄱ																					
n ㄴ																					
d/t ㄷ																					
r/l ㄹ																					
m ㅁ																					
b/p ㅂ																					
s ㅅ																					
/ng ㅇ																					
j ㅈ																					
ch ㅊ																					
k ㅋ																					
t ㅌ																					
p ㅍ																					
h ㅎ																					
(kk) ㄲ																					
tt ㄸ																					
pp ㅃ																					
ss ㅆ																					
jj ㅉ																					

자음　　　모음

ㄲ　　ㅗ ＝ 꼬
kk　　o　　kko

쓰기연습

로마자 표기법

	a ㅏ	ya ㅑ	eo ㅓ	yeo ㅕ	(o) ㅗ	yo ㅛ	u ㅜ	yu ㅠ	eu ㅡ	i ㅣ	ae ㅐ	yae ㅒ	e ㅔ	ye ㅖ	wa ㅘ	wae ㅙ	oe ㅚ	wo ㅝ	we ㅞ	wi ㅟ	ui ㅢ
g/k ㄱ																					
n ㄴ																					
d/t ㄷ																					
r/l ㄹ																					
m ㅁ																					
b/p ㅂ																					
s ㅅ																					
/ng ㅇ																					
j ㅈ																					
ch ㅊ																					
k ㅋ																					
t ㅌ																					
p ㅍ																					
h ㅎ																					
kk ㄲ																					
(tt) ㄸ																					
pp ㅃ																					
ss ㅆ																					
jj ㅉ																					

자음　　　모음

ㄸ　　ㅗ ＝ 또
tt　　o　　tto

쓰기연습

로마자 표기법

	a ㅏ	ya ㅑ	eo ㅓ	yeo ㅕ	o ㅗ	yo ㅛ	u ㅜ	yu ㅠ	eu ㅡ	i ㅣ	ae ㅐ	yae ㅒ	e ㅔ	ye ㅖ	wa ㅘ	wae ㅙ	oe ㅚ	wo ㅝ	we ㅞ	wi ㅟ	ui ㅢ
g/k ㄱ																					
n ㄴ																					
d/t ㄷ																					
r/l ㄹ																					
m ㅁ																					
b/p ㅂ																					
s ㅅ																					
/ng ㅇ																					
j ㅈ																					
ch ㅊ																					
k ㅋ																					
t ㅌ																					
p ㅍ																					
h ㅎ																					
kk ㄲ																					
tt ㄸ																					
pp ㅃ																					
ss ㅆ																					
jj ㅉ																					

자음   모음

ㅃ   ㅗ = 뽀

pp   o   ppo

쓰기연습

로마자 표기법

	a ㅏ	ya ㅑ	eo ㅓ	yeo ㅕ	o ㅗ	yo ㅛ	u ㅜ	yu ㅠ	eu ㅡ	i ㅣ	ae ㅐ	yae ㅒ	e ㅔ	ye ㅖ	wa ㅘ	wae ㅙ	oe ㅚ	wo ㅝ	we ㅞ	wi ㅟ	ui ㅢ
g/k ㄱ																					
n ㄴ																					
d/t ㄷ																					
r/l ㄹ																					
m ㅁ																					
b/p ㅂ																					
s ㅅ																					
/ng ㅇ																					
j ㅈ																					
ch ㅊ																					
k ㅋ																					
t ㅌ																					
p ㅍ																					
h ㅎ																					
kk ㄲ																					
tt ㄸ																					
pp ㅃ																					
ss ㅆ																					
jj ㅉ																					

자음   모음

ㅆ   ㅗ = 쏘

ss   o   sso

쓰기연습

로마자 표기법

	a ㅏ	ya ㅑ	eo ㅓ	yeo ㅕ	o ㅗ	yo ㅛ	u ㅜ	yu ㅠ	eu ㅡ	i ㅣ	ae ㅐ	yae ㅒ	e ㅔ	ye ㅖ	wa ㅘ	wae ㅙ	oe ㅚ	wo ㅝ	we ㅞ	wi ㅟ	ui ㅢ
g/k ㄱ																					
n ㄴ																					
d/t ㄷ																					
r/l ㄹ																					
m ㅁ																					
b/p ㅂ																					
s ㅅ																					
/ng ㅇ																					
j ㅈ																					
ch ㅊ																					
k ㅋ																					
t ㅌ																					
p ㅍ																					
h ㅎ																					
kk ㄲ																					
tt ㄸ																					
pp ㅃ																					
ss ㅆ																					
jj ㅉ																					

자음 모음

ㅉ ㅗ = 쪼

jj o = jjo

쓰기연습

로마자 표기법

	a ㅏ	ya ㅑ	eo ㅓ	yeo ㅕ	o ㅗ	yo ㅛ	u ㅜ	yu ㅠ	eu ㅡ	i ㅣ	ae ㅐ	yae ㅒ	e ㅔ	ye ㅖ	wa ㅘ	wae ㅙ	oe ㅚ	wo ㅝ	we ㅞ	wi ㅟ	ui ㅢ
g/k ㄱ																					
n ㄴ																					
d/t ㄷ																					
r/l ㄹ																					
m ㅁ																					
b/p ㅂ																					
s ㅅ																					
/ng ㅇ																					
j ㅈ																					
ch ㅊ																					
k ㅋ																					
t ㅌ																					
p ㅍ																					
h ㅎ																					
kk ㄲ																					
tt ㄸ																					
pp ㅃ																					
ss ㅆ																					
jj ㅉ																					

자음 모음

ㄱ ㅛ = 교

g yo = gyo

쓰기연습

로마자 표기법

	a ㅏ	ya ㅑ	eo ㅓ	yeo ㅕ	o ㅗ	yo ㅛ	u ㅜ	yu ㅠ	eu ㅡ	i ㅣ	ae ㅐ	yae ㅒ	e ㅔ	ye ㅖ	wa ㅘ	wae ㅙ	oe ㅚ	wo ㅝ	we ㅞ	wi ㅟ	ui ㅢ
g/k ㄱ																					
n ㄴ																					
d/t ㄷ																					
r/l ㄹ																					
m ㅁ																					
b/p ㅂ																					
s ㅅ																					
/ng ㅇ																					
j ㅈ																					
ch ㅊ																					
k ㅋ																					
t ㅌ																					
p ㅍ																					
h ㅎ																					
kk ㄲ																					
tt ㄸ																					
pp ㅃ																					
ss ㅆ																					
jj ㅉ																					

자음   모음

ㄴ ㅛ = ㄴㅛ

n yo = nyo

쓰기연습

로마자 표기법

자음   모음

ㄷ ㅛ = ㄷㅛ

d yo = dyo

쓰기연습

로마자 표기법

	a ㅏ	ya ㅑ	eo ㅓ	yeo ㅕ	o ㅗ	yo ㅛ	u ㅜ	yu ㅠ	eu ㅡ	i ㅣ	ae ㅐ	yae ㅒ	e ㅔ	ye ㅖ	wa ㅘ	wae ㅙ	oe ㅚ	wo ㅝ	we ㅞ	wi ㅟ	ui ㅢ
g/k ㄱ																					
n ㄴ																					
d/t ㄷ																					
r/l ㄹ																					
m ㅁ																					
b/p ㅂ																					
s ㅅ																					
/ng ㅇ																					
j ㅈ																					
ch ㅊ																					
k ㅋ																					
t ㅌ																					
p ㅍ																					
h ㅎ																					
kk ㄲ																					
tt ㄸ																					
pp ㅃ																					
ss ㅆ																					
jj ㅉ																					

자음 모음

ㄹ ㅛ = 료
r   yo   ryo

쓰기연습

로마자 표기법

자음 모음

ㅁ ㅛ = 묘
m   yo   myo

쓰기연습

로마자 표기법

	a ㅏ	ya ㅑ	eo ㅓ	yeo ㅕ	o ㅗ	yo ㅛ	u ㅜ	yu ㅠ	eu ㅡ	i ㅣ	ae ㅐ	yae ㅒ	e ㅔ	ye ㅖ	wa ㅘ	wae ㅙ	oe ㅚ	wo ㅝ	we ㅞ	wi ㅟ	ui ㅢ
g/k ㄱ																					
n ㄴ																					
d/t ㄷ																					
r/l ㄹ																					
m ㅁ																					
b/p ㅂ																					
s ㅅ																					
/ng ㅇ																					
j ㅈ																					
ch ㅊ																					
k ㅋ																					
t ㅌ																					
p ㅍ																					
h ㅎ																					
kk ㄲ																					
tt ㄸ																					
pp ㅃ																					
ss ㅆ																					
jj ㅉ																					

자음 모음

ㅂ ㅛ = 뵤

b yo byo

쓰기연습

로마자 표기법

	a ㅏ	ya ㅑ	eo ㅓ	yeo ㅕ	o ㅗ	yo ㅛ	u ㅜ	yu ㅠ	eu ㅡ	i ㅣ	ae ㅐ	yae ㅒ	e ㅔ	ye ㅖ	wa ㅘ	wae ㅙ	oe ㅚ	wo ㅝ	we ㅞ	wi ㅟ	ui ㅢ
g/k ㄱ																					
n ㄴ																					
d/t ㄷ																					
r/l ㄹ																					
m ㅁ																					
b/p ㅂ																					
s ㅅ																					
/ng ㅇ																					
j ㅈ																					
ch ㅊ																					
k ㅋ																					
t ㅌ																					
p ㅍ																					
h ㅎ																					
kk ㄲ																					
tt ㄸ																					
pp ㅃ																					
ss ㅆ																					
jj ㅉ																					

자음 모음

ㅅ ㅛ = 쇼

s yo syo

쓰기연습

로마자 표기법

	a ㅏ	ya ㅑ	eo ㅓ	yeo ㅕ	o ㅗ	(yo) ㅛ	u ㅜ	yu ㅠ	eu ㅡ	i ㅣ	ae ㅐ	yae ㅒ	e ㅔ	ye ㅖ	wa ㅘ	wae ㅙ	oe ㅚ	wo ㅝ	we ㅞ	wi ㅟ	ui ㅢ
g/k ㄱ																					
n ㄴ																					
d/t ㄷ																					
r/l ㄹ																					
m ㅁ																					
b/p ㅂ																					
s ㅅ																					
(/ng) ㅇ																					
j ㅈ																					
ch ㅊ																					
k ㅋ																					
t ㅌ																					
p ㅍ																					
h ㅎ																					
kk ㄲ																					
tt ㄸ																					
pp ㅃ																					
ss ㅆ																					
jj ㅉ																					

모음   자음
요   ㅇ = 용
yo ng = yong

쓰기연습

로마자 표기법

	a ㅏ	ya ㅑ	eo ㅓ	yeo ㅕ	o ㅗ	(yo) ㅛ	u ㅜ	yu ㅠ	eu ㅡ	i ㅣ	ae ㅐ	yae ㅒ	e ㅔ	ye ㅖ	wa ㅘ	wae ㅙ	oe ㅚ	wo ㅝ	we ㅞ	wi ㅟ	ui ㅢ
g/k ㄱ																					
n ㄴ																					
d/t ㄷ																					
r/l ㄹ																					
m ㅁ																					
b/p ㅂ																					
s ㅅ																					
/ng ㅇ																					
(j) ㅈ																					
ch ㅊ																					
k ㅋ																					
t ㅌ																					
p ㅍ																					
h ㅎ																					
kk ㄲ																					
tt ㄸ																					
pp ㅃ																					
ss ㅆ																					
jj ㅉ																					

자음   모음
ㅈ   ㅛ = 죠
j   yo = jyo

쓰기연습

로마자 표기법

	a ㅏ	ya ㅑ	eo ㅓ	yeo ㅕ	o ㅗ	yo ㅛ	u ㅜ	yu ㅠ	eu ㅡ	i ㅣ	ae ㅐ	yae ㅒ	e ㅔ	ye ㅖ	wa ㅘ	wae ㅙ	oe ㅚ	wo ㅝ	we ㅞ	wi ㅟ	ui ㅢ
g/k ㄱ																					
n ㄴ																					
d/t ㄷ																					
r/l ㄹ																					
m ㅁ																					
b/p ㅂ																					
s ㅅ																					
/ng ㅇ																					
j ㅈ																					
ch ㅊ																					
k ㅋ																					
t ㅌ																					
p ㅍ																					
h ㅎ																					
kk ㄲ																					
tt ㄸ																					
pp ㅃ																					
ss ㅆ																					
jj ㅉ																					

자음 　 모음

ㅊ 　 ㅛ = 쵸

ch　yo = chyo

쓰기연습

로마자 표기법

	a ㅏ	ya ㅑ	eo ㅓ	yeo ㅕ	o ㅗ	yo ㅛ	u ㅜ	yu ㅠ	eu ㅡ	i ㅣ	ae ㅐ	yae ㅒ	e ㅔ	ye ㅖ	wa ㅘ	wae ㅙ	oe ㅚ	wo ㅝ	we ㅞ	wi ㅟ	ui ㅢ
g/k ㄱ																					
n ㄴ																					
d/t ㄷ																					
r/l ㄹ																					
m ㅁ																					
b/p ㅂ																					
s ㅅ																					
/ng ㅇ																					
j ㅈ																					
ch ㅊ																					
k ㅋ																					
t ㅌ																					
p ㅍ																					
h ㅎ																					
kk ㄲ																					
tt ㄸ																					
pp ㅃ																					
ss ㅆ																					
jj ㅉ																					

자음 　 모음

ㅋ 　 ㅛ = 쿄

k　yo = kyo

쓰기연습

로마자 표기법

	a ㅏ	ya ㅑ	eo ㅓ	yeo ㅕ	o ㅗ	yo ㅛ	u ㅜ	yu ㅠ	eu ㅡ	i ㅣ	ae ㅐ	yae ㅒ	e ㅔ	ye ㅖ	wa ㅘ	wae ㅙ	oe ㅚ	wo ㅝ	we ㅞ	wi ㅟ	ui ㅢ
g/k ㄱ																					
n ㄴ																					
d/t ㄷ																					
r/l ㄹ																					
m ㅁ																					
b/p ㅂ																					
s ㅅ																					
/ng ㅇ																					
j ㅈ																					
ch ㅊ																					
k ㅋ																					
t ㅌ																					
p ㅍ																					
h ㅎ																					
kk ㄲ																					
tt ㄸ																					
pp ㅃ																					
ss ㅆ																					
jj ㅉ																					

자음　　모음

ㅌ　ㅛ = 툐

t　yo tyo

쓰기연습

로마자 표기법

	a ㅏ	ya ㅑ	eo ㅓ	yeo ㅕ	o ㅗ	yo ㅛ	u ㅜ	yu ㅠ	eu ㅡ	i ㅣ	ae ㅐ	yae ㅒ	e ㅔ	ye ㅖ	wa ㅘ	wae ㅙ	oe ㅚ	wo ㅝ	we ㅞ	wi ㅟ	ui ㅢ
g/k ㄱ																					
n ㄴ																					
d/t ㄷ																					
r/l ㄹ																					
m ㅁ																					
b/p ㅂ																					
s ㅅ																					
/ng ㅇ																					
j ㅈ																					
ch ㅊ																					
k ㅋ																					
t ㅌ																					
p ㅍ																					
h ㅎ																					
kk ㄲ																					
tt ㄸ																					
pp ㅃ																					
ss ㅆ																					
jj ㅉ																					

자음　　모음

ㅍ　ㅛ = 표

p　yo pyo

쓰기연습

로마자 표기법

	a ㅏ	ya ㅑ	eo ㅓ	yeo ㅕ	o ㅗ	(yo) ㅛ	u ㅜ	yu ㅠ	eu ㅡ	i ㅣ	ae ㅐ	yae ㅒ	e ㅔ	ye ㅖ	wa ㅘ	wae ㅙ	oe ㅚ	wo ㅝ	we ㅞ	wi ㅟ	ui ㅢ
g/k ㄱ																					
n ㄴ																					
d/t ㄷ																					
r/l ㄹ																					
m ㅁ																					
b/p ㅂ																					
s ㅅ																					
/ng ㅇ																					
j ㅈ																					
ch ㅊ																					
k ㅋ																					
t ㅌ																					
p ㅍ																					
(h) ㅎ																					
kk ㄲ																					
tt ㄸ																					
pp ㅃ																					
ss ㅆ																					
jj ㅉ																					

자음　　모음

ㅎ　ㅛ ＝ 효

h　yo ＝ hyo

쓰기연습

로마자 표기법

	a ㅏ	ya ㅑ	eo ㅓ	yeo ㅕ	o ㅗ	(yo) ㅛ	u ㅜ	yu ㅠ	eu ㅡ	i ㅣ	ae ㅐ	yae ㅒ	e ㅔ	ye ㅖ	wa ㅘ	wae ㅙ	oe ㅚ	wo ㅝ	we ㅞ	wi ㅟ	ui ㅢ
g/k ㄱ																					
n ㄴ																					
d/t ㄷ																						
r/l ㄹ																						
m ㅁ																						
b/p ㅂ																						
s ㅅ																						
/ng ㅇ																						
j ㅈ																						
ch ㅊ																						
k ㅋ																						
t ㅌ																						
p ㅍ																						
h ㅎ																						
(kk) ㄲ																						
tt ㄸ																						
pp ㅃ																						
ss ㅆ																						
jj ㅉ																						

자음　　모음

ㄲ　ㅛ ＝ 꾜

kk　yo ＝ kkyo

쓰기연습

로마자 쓰기연습

로마자 표기법

	a ㅏ	ya ㅑ	eo ㅓ	yeo ㅕ	o ㅗ	yo ㅛ	u ㅜ	yu ㅠ	eu ㅡ	i ㅣ	ae ㅐ	yae ㅒ	e ㅔ	ye ㅖ	wa ㅘ	wae ㅙ	oe ㅚ	wo ㅝ	we ㅞ	wi ㅟ	ui ㅢ
g/k ㄱ																					
n ㄴ																					
d/t ㄷ																					
r/l ㄹ																					
m ㅁ																					
b/p ㅂ																					
s ㅅ																					
/ng ㅇ																					
j ㅈ																					
ch ㅊ																					
k ㅋ																					
t ㅌ																					
p ㅍ																					
h ㅎ																					
kk ㄲ																					
tt ㄸ																					
pp ㅃ																					
ss ㅆ																					
jj ㅉ																					

자음 **모음**

ㄸ   ㅛ = 뚀

tt   yo = ttyo

쓰기연습

로마자 표기법

	a ㅏ	ya ㅑ	eo ㅓ	yeo ㅕ	o ㅗ	yo ㅛ	u ㅜ	yu ㅠ	eu ㅡ	i ㅣ	ae ㅐ	yae ㅒ	e ㅔ	ye ㅖ	wa ㅘ	wae ㅙ	oe ㅚ	wo ㅝ	we ㅞ	wi ㅟ	ui ㅢ
g/k ㄱ																					
n ㄴ																					
d/t ㄷ																						
r/l ㄹ																						
m ㅁ																						
b/p ㅂ																						
s ㅅ																						
/ng ㅇ																						
j ㅈ																						
ch ㅊ																						
k ㅋ																						
t ㅌ																						
p ㅍ																						
h ㅎ																						
kk ㄲ																						
tt ㄸ																						
pp ㅃ																						
ss ㅆ																						
jj ㅉ																						

자음 **모음**

ㅃ   ㅛ = 뾰

pp   yo = ppyo

쓰기연습

로마자 표기법

	a ㅏ	ya ㅑ	eo ㅓ	yeo ㅕ	o ㅗ	yo ㅛ	u ㅜ	yu ㅠ	eu ㅡ	i ㅣ	ae ㅐ	yae ㅒ	e ㅔ	ye ㅖ	wa ㅘ	wae ㅙ	oe ㅚ	wo ㅝ	we ㅞ	wi ㅟ	ui ㅢ
g/k ㄱ																					
n ㄴ																					
d/t ㄷ																					
r/l ㄹ																					
m ㅁ																					
b/p ㅂ																					
s ㅅ																					
/ng ㅇ																					
j ㅈ																					
ch ㅊ																					
k ㅋ																					
t ㅌ																					
p ㅍ																					
h ㅎ																					
kk ㄲ																					
tt ㄸ																					
pp ㅃ																					
ss ㅆ																					
jj ㅉ																					

자음　모음

쓰　ㅛ　=　쑈

ss　yo　ssyo

쓰기연습

로마자 표기법

	a ㅏ	ya ㅑ	eo ㅓ	yeo ㅕ	o ㅗ	yo ㅛ	u ㅜ	yu ㅠ	eu ㅡ	i ㅣ	ae ㅐ	yae ㅒ	e ㅔ	ye ㅖ	wa ㅘ	wae ㅙ	oe ㅚ	wo ㅝ	we ㅞ	wi ㅟ	ui ㅢ
g/k ㄱ																					
n ㄴ																					
d/t ㄷ																						
r/l ㄹ																						
m ㅁ																						
b/p ㅂ																						
s ㅅ																						
/ng ㅇ																						
j ㅈ																						
ch ㅊ																						
k ㅋ																						
t ㅌ																						
p ㅍ																						
h ㅎ																						
kk ㄲ																						
tt ㄸ																						
pp ㅃ																						
ss ㅆ																						
jj ㅉ																						

자음　모음

쯔　ㅛ　=　쬬

jj　yo　jjyo

쓰기연습

로마자 표기법

	a ㅏ	ya ㅑ	eo ㅓ	yeo ㅕ	o ㅗ	yo ㅛ	u ㅜ	yu ㅠ	eu ㅡ	i ㅣ	ae ㅐ	yae ㅒ	e ㅔ	ye ㅖ	wa ㅘ	wae ㅙ	oe ㅚ	wo ㅝ	we ㅞ	wi ㅟ	ui ㅢ
g/k ㄱ																					
n ㄴ																					
d/t ㄷ																					
r/l ㄹ																					
m ㅁ																					
b/p ㅂ																					
s ㅅ																					
/ng ㅇ																					
j ㅈ																					
ch ㅊ																					
k ㅋ																					
t ㅌ																					
p ㅍ																					
h ㅎ																					
kk ㄲ																					
tt ㄸ																					
pp ㅃ																					
ss ㅆ																					
jj ㅉ																					

자음   모음

ㄱ   ㅜ = 구
g   u   gu

쓰기연습

로마자 표기법

	a ㅏ	ya ㅑ	eo ㅓ	yeo ㅕ	o ㅗ	yo ㅛ	u ㅜ	yu ㅠ	eu ㅡ	i ㅣ	ae ㅐ	yae ㅒ	e ㅔ	ye ㅖ	wa ㅘ	wae ㅙ	oe ㅚ	wo ㅝ	we ㅞ	wi ㅟ	ui ㅢ
g/k ㄱ																					
n ㄴ																					
d/t ㄷ																					
r/l ㄹ																					
m ㅁ																					
b/p ㅂ																					
s ㅅ																					
/ng ㅇ																					
j ㅈ																					
ch ㅊ																					
k ㅋ																					
t ㅌ																					
p ㅍ																					
h ㅎ																					
kk ㄲ																					
tt ㄸ																					
pp ㅃ																					
ss ㅆ																					
jj ㅉ																					

자음   모음

ㄴ   ㅜ = 누
n   u   nu

쓰기연습

로마자 표기법

	a ㅏ	ya ㅑ	eo ㅓ	yeo ㅕ	o ㅗ	yo ㅛ	u ㅜ	yu ㅠ	eu ㅡ	i ㅣ	ae ㅐ	yae ㅒ	e ㅔ	ye ㅖ	wa ㅘ	wae ㅙ	oe ㅚ	wo ㅝ	we ㅞ	wi ㅟ	ui ㅢ
g/k ㄱ																					
n ㄴ																					
d/t ㄷ																					
r/l ㄹ																					

자음   모음

ㄷ ㅜ = 두
d   u   du

쓰기연습

로마자 표기법

	a ㅏ	ya ㅑ	eo ㅓ	yeo ㅕ	o ㅗ	yo ㅛ	u ㅜ	yu ㅠ	eu ㅡ	i ㅣ	ae ㅐ	yae ㅒ	e ㅔ	ye ㅖ	wa ㅘ	wae ㅙ	oe ㅚ	wo ㅝ	we ㅞ	wi ㅟ	ui ㅢ
g/k ㄱ																					
n ㄴ																					
d/t ㄷ																					
r/l ㄹ																					

자음   모음

ㄹ ㅜ = 루
r   u   ru

쓰기연습

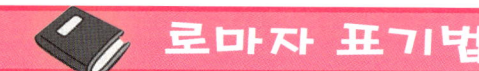

로마자 표기법

	a ㅏ	ya ㅑ	eo ㅓ	yeo ㅕ	o ㅗ	yo ㅛ	u ㅜ	yu ㅠ	eu ㅡ	i ㅣ	ae ㅐ	yae ㅒ	e ㅔ	ye ㅖ	wa ㅘ	wae ㅙ	oe ㅚ	wo ㅝ	we ㅞ	wi ㅟ	ui ㅢ
g/k ㄱ																					
n ㄴ																					
d/t ㄷ																					
r/l ㄹ																					
m ㅁ																					
b/p ㅂ																					
s ㅅ																					
/ng ㅇ																					
j ㅈ																					
ch ㅊ																					
k ㅋ																					
t ㅌ																					
p ㅍ																					
h ㅎ																					
kk ㄲ																					
tt ㄸ																					
pp ㅃ																					
ss ㅆ																					
jj ㅉ																					

자음 모음

ㅁ ㅜ = 무

m u mu

쓰기연습

로마자 표기법

	a ㅏ	ya ㅑ	eo ㅓ	yeo ㅕ	o ㅗ	yo ㅛ	u ㅜ	yu ㅠ	eu ㅡ	i ㅣ	ae ㅐ	yae ㅒ	e ㅔ	ye ㅖ	wa ㅘ	wae ㅙ	oe ㅚ	wo ㅝ	we ㅞ	wi ㅟ	ui ㅢ
g/k ㄱ																					
n ㄴ																					
d/t ㄷ																					
r/l ㄹ																					
m ㅁ																					
b/p ㅂ																					
s ㅅ																					
/ng ㅇ																					
j ㅈ																					
ch ㅊ																					
k ㅋ																					
t ㅌ																					
p ㅍ																					
h ㅎ																					
kk ㄲ																					
tt ㄸ																					
pp ㅃ																					
ss ㅆ																					
jj ㅉ																					

자음 모음

ㅂ ㅜ = 부

b u bu

쓰기연습

로마자 표기법

	a ㅏ	ya ㅑ	eo ㅓ	yeo ㅕ	o ㅗ	yo ㅛ	u ㅜ	yu ㅠ	eu ㅡ	i ㅣ	ae ㅐ	yae ㅒ	e ㅔ	ye ㅖ	wa ㅘ	wae ㅙ	oe ㅚ	wo ㅝ	we ㅞ	wi ㅟ	ui ㅢ
g/k ㄱ																					
n ㄴ																					
d/t ㄷ																					
r/l ㄹ																					
m ㅁ																					
b/p ㅂ																					
s ㅅ																					
/ng ㅇ																					
j ㅈ																					
ch ㅊ																					
k ㅋ																					
t ㅌ																					
p ㅍ																					
h ㅎ																					
kk ㄲ																					
tt ㄸ																					
pp ㅃ																					
ss ㅆ																					
jj ㅉ																					

자음　　모음

ㅅ　ㅜ ＝ 수
s　u　　su

쓰기연습

로마자 표기법

모음　　자음

우　ㅇ ＝ 웅
u　ng　　ung

쓰기연습

로마자 표기법

자음 ㅈ j 모음 ㅜ u = 주 ju

쓰기연습

로마자 표기법

자음 ㅊ ch 모음 ㅜ u = 추 chu

쓰기연습

로마자 표기법

ㅋ + ㅜ = 쿠
k   u   ku

쓰기연습

로마자 표기법

ㅌ + ㅜ = 투
t   u   tu

쓰기연습

로마자 표기법

a ㅏ	ya ㅑ	eo ㅓ	yeo ㅕ	o ㅗ	yo ㅛ	u ㅜ	yu ㅠ	eu ㅡ	i ㅣ	ae ㅐ	yae ㅒ	e ㅔ	ye ㅖ	wa ㅘ	wae ㅙ	oe ㅚ	wo ㅝ	we ㅞ	wi ㅟ	ui ㅢ

- g/k ㄱ
- n ㄴ
- d/t ㄷ
- r/l ㄹ
- m ㅁ
- b/p ㅂ
- s ㅅ
- /ng ㅇ
- j ㅈ
- ch ㅊ
- k ㅋ
- t ㅌ
- p ㅍ
- h ㅎ
- kk ㄲ
- tt ㄸ
- pp ㅃ
- ss ㅆ
- jj ㅉ

자음 모음

ㅍ ㅜ = 푸

p u pu

쓰기연습

로마자 표기법

a ㅏ	ya ㅑ	eo ㅓ	yeo ㅕ	o ㅗ	yo ㅛ	u ㅜ	yu ㅠ	eu ㅡ	i ㅣ	ae ㅐ	yae ㅒ	e ㅔ	ye ㅖ	wa ㅘ	wae ㅙ	oe ㅚ	wo ㅝ	we ㅞ	wi ㅟ	ui ㅢ

- g/k ㄱ
- n ㄴ
- d/t ㄷ
- r/l ㄹ
- m ㅁ
- b/p ㅂ
- s ㅅ
- /ng ㅇ
- j ㅈ
- ch ㅊ
- k ㅋ
- t ㅌ
- p ㅍ
- h ㅎ
- kk ㄲ
- tt ㄸ
- pp ㅃ
- ss ㅆ
- jj ㅉ

자음 모음

ㅎ ㅜ = 후

h u hu

쓰기연습

로마자 표기법

	a ㅏ	ya ㅑ	eo ㅓ	yeo ㅕ	o ㅗ	yo ㅛ	u ㅜ	yu ㅠ	eu ㅡ	i ㅣ	ae ㅐ	yae ㅒ	e ㅔ	ye ㅖ	wa ㅘ	wae ㅙ	oe ㅚ	wo ㅝ	we ㅞ	wi ㅟ	ui ㅢ
g/k ㄱ																					
n ㄴ																					
d/t ㄷ																					
r/l ㄹ																					
m ㅁ																					
b/p ㅂ																					
s ㅅ																					
/ng ㅇ																					
j ㅈ																					
ch ㅊ																					
k ㅋ																					
t ㅌ																					
p ㅍ																					
h ㅎ																					
kk ㄲ																					
tt ㄸ																					
pp ㅃ																					
ss ㅆ																					
jj ㅉ																					

자음　　모음

ㄲ　　ㅜ　＝　꾸
kk　　u　＝　kku

쓰기연습

로마자 표기법

	a ㅏ	ya ㅑ	eo ㅓ	yeo ㅕ	o ㅗ	yo ㅛ	u ㅜ	yu ㅠ	eu ㅡ	i ㅣ	ae ㅐ	yae ㅒ	e ㅔ	ye ㅖ	wa ㅘ	wae ㅙ	oe ㅚ	wo ㅝ	we ㅞ	wi ㅟ	ui ㅢ
g/k ㄱ																					
n ㄴ																					
d/t ㄷ																					
r/l ㄹ																					
m ㅁ																					
b/p ㅂ																					
s ㅅ																					
/ng ㅇ																					
j ㅈ																					
ch ㅊ																					
k ㅋ																					
t ㅌ																					
p ㅍ																					
h ㅎ																					
kk ㄲ																					
tt ㄸ																					
pp ㅃ																					
ss ㅆ																					
jj ㅉ																					

자음　　모음

ㄸ　　ㅜ　＝　뚜
tt　　u　＝　ttu

쓰기연습

로마자 표기법

	a ㅏ	ya ㅑ	eo ㅓ	yeo ㅕ	o ㅗ	yo ㅛ	(u) ㅜ	yu ㅠ	eu ㅡ	i ㅣ	ae ㅐ	yae ㅒ	e ㅔ	ye ㅖ	wa ㅘ	wae ㅙ	oe ㅚ	wo ㅝ	we ㅞ	wi ㅟ	ui ㅢ
g/k ㄱ																					
n ㄴ																					
d/t ㄷ																					
r/l ㄹ																					
m ㅁ																					
b/p ㅂ																					
s ㅅ																					
/ng ㅇ																					
j ㅈ																					
ch ㅊ																					
k ㅋ																					
t ㅌ																					
p ㅍ																					
h ㅎ																					
kk ㄲ																					
tt ㄸ																					
(pp) ㅃ																					
ss ㅆ																					
jj ㅉ																					

자음　　　모음

ㅃ　　ㅜ ＝ 뿌

pp　　u ＝ ppu

쓰기연습

로마자 표기법

	a ㅏ	ya ㅑ	eo ㅓ	yeo ㅕ	o ㅗ	yo ㅛ	(u) ㅜ	yu ㅠ	eu ㅡ	i ㅣ	ae ㅐ	yae ㅒ	e ㅔ	ye ㅖ	wa ㅘ	wae ㅙ	oe ㅚ	wo ㅝ	we ㅞ	wi ㅟ	ui ㅢ
g/k ㄱ																					
n ㄴ																					
d/t ㄷ																						
r/l ㄹ																						
m ㅁ																						
b/p ㅂ																						
s ㅅ																						
/ng ㅇ																						
j ㅈ																						
ch ㅊ																						
k ㅋ																						
t ㅌ																						
p ㅍ																						
h ㅎ																						
kk ㄲ																						
tt ㄸ																						
pp ㅃ																						
(ss) ㅆ																						
jj ㅉ																						

자음　　　모음

ㅆ　　ㅜ ＝ 쑤

ss　　u ＝ ssu

쓰기연습

로마자 표기법

	a ㅏ	ya ㅑ	eo ㅓ	yeo ㅕ	o ㅗ	yo ㅛ	u ㅜ	yu ㅠ	eu ㅡ	i ㅣ	ae ㅐ	yae ㅒ	e ㅔ	ye ㅖ	wa ㅘ	wae ㅙ	oe ㅚ	wo ㅝ	we ㅞ	wi ㅟ	ui ㅢ
g/k ㄱ																					
n ㄴ																					
d/t ㄷ																					
r/l ㄹ																					
m ㅁ																					
b/p ㅂ																					
s ㅅ																					
/ng ㅇ																					
j ㅈ																					
ch ㅊ																					
k ㅋ																					
t ㅌ																					
p ㅍ																					
h ㅎ																					
kk ㄲ																					
tt ㄸ																					
pp ㅃ																					
ss ㅆ																					
jj ㅉ																					

자음　모음

쯔　ㅜ　=　쭈
jj　u　　jju

쓰기연습

로마자 표기법

	a ㅏ	ya ㅑ	eo ㅓ	yeo ㅕ	o ㅗ	yo ㅛ	u ㅜ	yu ㅠ	eu ㅡ	i ㅣ	ae ㅐ	yae ㅒ	e ㅔ	ye ㅖ	wa ㅘ	wae ㅙ	oe ㅚ	wo ㅝ	we ㅞ	wi ㅟ	ui ㅢ
g/k ㄱ																					
n ㄴ																					
d/t ㄷ																						
r/l ㄹ																						
m ㅁ																						
b/p ㅂ																						
s ㅅ																						
/ng ㅇ																						
j ㅈ																						
ch ㅊ																						
k ㅋ																						
t ㅌ																						
p ㅍ																						
h ㅎ																						
kk ㄲ																						
tt ㄸ																						
pp ㅃ																						
ss ㅆ																						
jj ㅉ																						

자음　모음

ㄱ　ㅠ　=　규
g　yu　　gyu

쓰기연습

로마자 표기법

	a ㅏ	ya ㅑ	eo ㅓ	yeo ㅕ	o ㅗ	yo ㅛ	u ㅜ	yu ㅠ	eu ㅡ	i ㅣ	ae ㅐ	yae ㅒ	e ㅔ	ye ㅖ	wa ㅘ	wae ㅙ	oe ㅚ	wo ㅝ	we ㅞ	wi ㅟ	ui ㅢ
g/k ㄱ																					
n ㄴ																					
d/t ㄷ																					
r/l ㄹ																					
m ㅁ																					
b/p ㅂ																					
s ㅅ																					
/ng ㅇ																					
j ㅈ																					
ch ㅊ																					
k ㅋ																					
t ㅌ																					
p ㅍ																					
h ㅎ																					
kk ㄲ																					
tt ㄸ																					
pp ㅃ																					
ss ㅆ																					
jj ㅉ																					

자음 모음

ㄴ ㅠ = 뉴

n yu nyu

쓰기연습

로마자 표기법

	a ㅏ	ya ㅑ	eo ㅓ	yeo ㅕ	o ㅗ	yo ㅛ	u ㅜ	yu ㅠ	eu ㅡ	i ㅣ	ae ㅐ	yae ㅒ	e ㅔ	ye ㅖ	wa ㅘ	wae ㅙ	oe ㅚ	wo ㅝ	we ㅞ	wi ㅟ	ui ㅢ
g/k ㄱ																					
n ㄴ																					
d/t ㄷ																					
r/l ㄹ																					
m ㅁ																					
b/p ㅂ																						
s ㅅ																						
/ng ㅇ																						
j ㅈ																						
ch ㅊ																						
k ㅋ																						
t ㅌ																						
p ㅍ																						
h ㅎ																						
kk ㄲ																						
tt ㄸ																						
pp ㅃ																						
ss ㅆ																						
jj ㅉ																						

자음 모음

ㄷ ㅠ = 듀

d yu dyu

쓰기연습

로마자 표기법

	a ㅏ	ya ㅑ	eo ㅓ	yeo ㅕ	o ㅗ	yo ㅛ	u ㅜ	yu ㅠ	eu ㅡ	i ㅣ	ae ㅐ	yae ㅒ	e ㅔ	ye ㅖ	wa ㅘ	wae ㅙ	oe ㅚ	wo ㅝ	we ㅞ	wi ㅟ	ui ㅢ
g/k ㄱ																					
n ㄴ																					
d/t ㄷ																					
r/l ㄹ																					
m ㅁ																					
b/p ㅂ																					
s ㅅ																					
/ng ㅇ																					
j ㅈ																					
ch ㅊ																					
k ㅋ																					
t ㅌ																					
p ㅍ																					
h ㅎ																					
kk ㄲ																					
tt ㄸ																					
pp ㅃ																					
ss ㅆ																					
jj ㅉ																					

자음 모음

ㄹ ㅠ = 류

r yu ryu

쓰기연습

로마자 표기법

	a ㅏ	ya ㅑ	eo ㅓ	yeo ㅕ	o ㅗ	yo ㅛ	u ㅜ	yu ㅠ	eu ㅡ	i ㅣ	ae ㅐ	yae ㅒ	e ㅔ	ye ㅖ	wa ㅘ	wae ㅙ	oe ㅚ	wo ㅝ	we ㅞ	wi ㅟ	ui ㅢ
g/k ㄱ																					
n ㄴ																					
d/t ㄷ																					
r/l ㄹ																					
m ㅁ																					
b/p ㅂ																					
s ㅅ																					
/ng ㅇ																					
j ㅈ																					
ch ㅊ																					
k ㅋ																					
t ㅌ																					
p ㅍ																					
h ㅎ																					
kk ㄲ																					
tt ㄸ																					
pp ㅃ																					
ss ㅆ																					
jj ㅉ																					

자음 모음

ㅁ ㅠ = 뮤

m yu myu

쓰기연습

로마자 표기법

	a ㅏ	ya ㅑ	eo ㅓ	yeo ㅕ	o ㅗ	yo ㅛ	u ㅜ	(yu) ㅠ	eu ㅡ	i ㅣ	ae ㅐ	yae ㅒ	e ㅔ	ye ㅖ	wa ㅘ	wae ㅙ	oe ㅚ	wo ㅝ	we ㅞ	wi ㅟ	ui ㅢ
g/k ㄱ																					
n ㄴ																					
d/t ㄷ																					
r/l ㄹ																					
m ㅁ																					
(b/p) ㅂ																					
s ㅅ																					
/ng ㅇ																					
j ㅈ																					
ch ㅊ																					
k ㅋ																					
t ㅌ																					
p ㅍ																					
h ㅎ																					
kk ㄲ																					
tt ㄸ																					
pp ㅃ																					
ss ㅆ																					
jj ㅉ																					

자음　　모음

ㅂ　ㅠ = 뷰

b　yu　byu

쓰기연습

로마자 표기법

	a ㅏ	ya ㅑ	eo ㅓ	yeo ㅕ	o ㅗ	yo ㅛ	u ㅜ	(yu) ㅠ	eu ㅡ	i ㅣ	ae ㅐ	yae ㅒ	e ㅔ	ye ㅖ	wa ㅘ	wae ㅙ	oe ㅚ	wo ㅝ	we ㅞ	wi ㅟ	ui ㅢ
g/k ㄱ																					
n ㄴ																					
d/t ㄷ																					
r/l ㄹ																					
m ㅁ																					
b/p ㅂ																					
(s) ㅅ																					
/ng ㅇ																					
j ㅈ																					
ch ㅊ																					
k ㅋ																					
t ㅌ																					
p ㅍ																					
h ㅎ																					
kk ㄲ																					
tt ㄸ																					
pp ㅃ																					
ss ㅆ																					
jj ㅉ																					

자음　　모음

ㅅ　ㅠ = 슈

s　yu　syu

쓰기연습

로마자 표기법

	a ㅏ	ya ㅑ	eo ㅓ	yeo ㅕ	o ㅗ	yo ㅛ	u ㅜ	yu ㅠ	eu ㅡ	i ㅣ	ae ㅐ	yae ㅒ	e ㅔ	ye ㅖ	wa ㅘ	wae ㅙ	oe ㅚ	wo ㅝ	we ㅞ	wi ㅟ	ui ㅢ
g/k ㄱ																					
n ㄴ																					
d/t ㄷ																					
r/l ㄹ																					
m ㅁ																					
b/p ㅂ																					
s ㅅ																					
/ng ㅇ																					
j ㅈ																					
ch ㅊ																					
k ㅋ																					
t ㅌ																					
p ㅍ																					
h ㅎ																					
kk ㄲ																					
tt ㄸ																					
pp ㅃ																					
ss ㅆ																					
jj ㅉ																					

모음 자음

유 ㅇ = 융

yu ng yung

쓰기연습

로마자 표기법

	a ㅏ	ya ㅑ	eo ㅓ	yeo ㅕ	o ㅗ	yo ㅛ	u ㅜ	yu ㅠ	eu ㅡ	i ㅣ	ae ㅐ	yae ㅒ	e ㅔ	ye ㅖ	wa ㅘ	wae ㅙ	oe ㅚ	wo ㅝ	we ㅞ	wi ㅟ	ui ㅢ
g/k ㄱ																					
n ㄴ																					
d/t ㄷ																					
r/l ㄹ																					
m ㅁ																					
b/p ㅂ																					
s ㅅ																					
/ng ㅇ																					
j ㅈ																					
ch ㅊ																					
k ㅋ																					
t ㅌ																					
p ㅍ																					
h ㅎ																					
kk ㄲ																					
tt ㄸ																					
pp ㅃ																					
ss ㅆ																					
jj ㅉ																					

자음 모음

ㅈ ㅠ = 쥬

j yu jyu

쓰기연습

로마자 표기법

	a ㅏ	ya ㅑ	eo ㅓ	yeo ㅕ	o ㅗ	yo ㅛ	u ㅜ	yu ㅠ	eu ㅡ	i ㅣ	ae ㅐ	yae ㅒ	e ㅔ	ye ㅖ	wa ㅘ	wae ㅙ	oe ㅚ	wo ㅝ	we ㅞ	wi ㅟ	ui ㅢ
g/k ㄱ																					
n ㄴ																					
d/t ㄷ																					
r/l ㄹ																					
m ㅁ																					
b/p ㅂ																					
s ㅅ																					
/ng ㅇ																					
j ㅈ																					
ch ㅊ																					
k ㅋ																					
t ㅌ																					
p ㅍ																					
h ㅎ																					
kk ㄲ																					
tt ㄸ																					
pp ㅃ																					
ss ㅆ																					
jj ㅉ																					

자음　모음

ㅊ　ㅠ = 츄

ch　yu　chyu

쓰기연습

로마자 표기법

	a ㅏ	ya ㅑ	eo ㅓ	yeo ㅕ	o ㅗ	yo ㅛ	u ㅜ	yu ㅠ	eu ㅡ	i ㅣ	ae ㅐ	yae ㅒ	e ㅔ	ye ㅖ	wa ㅘ	wae ㅙ	oe ㅚ	wo ㅝ	we ㅞ	wi ㅟ	ui ㅢ
g/k ㄱ																					
n ㄴ																					
d/t ㄷ																						
r/l ㄹ																						
m ㅁ																						
b/p ㅂ																						
s ㅅ																						
/ng ㅇ																						
j ㅈ																						
ch ㅊ																						
k ㅋ																						
t ㅌ																						
p ㅍ																						
h ㅎ																						
kk ㄲ																						
tt ㄸ																						
pp ㅃ																						
ss ㅆ																						
jj ㅉ																						

자음　모음

ㅋ　ㅠ = 큐

k　yu　kyu

쓰기연습

로마자 표기법

	a ㅏ	ya ㅑ	eo ㅓ	yeo ㅕ	o ㅗ	yo ㅛ	u ㅜ	(yu) ㅠ	eu ㅡ	i ㅣ	ae ㅐ	yae ㅒ	e ㅔ	ye ㅖ	wa ㅘ	wae ㅙ	oe ㅚ	wo ㅝ	we ㅞ	wi ㅟ	ui ㅢ
g/k ㄱ																					
n ㄴ																					
d/t ㄷ																					
r/l ㄹ																					
m ㅁ																					
b/p ㅂ																					
s ㅅ																					
/ng ㅇ																					
j ㅈ																					
ch ㅊ																					
k ㅋ																					
(t) ㅌ																					
p ㅍ																					
h ㅎ																					
kk ㄲ																					
tt ㄸ																					
pp ㅃ																					
ss ㅆ																					
jj ㅉ																					

자음   모음

ㅌ   ㅠ = 튜
t   yu   tyu

쓰기연습

로마자 표기법

	a ㅏ	ya ㅑ	eo ㅓ	yeo ㅕ	o ㅗ	yo ㅛ	u ㅜ	(yu) ㅠ	eu ㅡ	i ㅣ	ae ㅐ	yae ㅒ	e ㅔ	ye ㅖ	wa ㅘ	wae ㅙ	oe ㅚ	wo ㅝ	we ㅞ	wi ㅟ	ui ㅢ
g/k ㄱ																					
n ㄴ																					
d/t ㄷ																						
r/l ㄹ																						
m ㅁ																						
b/p ㅂ																						
s ㅅ																						
/ng ㅇ																						
j ㅈ																						
ch ㅊ																						
k ㅋ																						
t ㅌ																						
(p) ㅍ																						
h ㅎ																						
kk ㄲ																						
tt ㄸ																						
pp ㅃ																						
ss ㅆ																						
jj ㅉ																						

자음   모음

ㅍ   ㅠ = 퓨
p   yu   pyu

쓰기연습

로마자 표기법

	a ㅏ	ya ㅑ	eo ㅓ	yeo ㅕ	o ㅗ	yo ㅛ	u ㅜ	yu ㅠ	eu ㅡ	i ㅣ	ae ㅐ	yae ㅒ	e ㅔ	ye ㅖ	wa ㅘ	wae ㅙ	oe ㅚ	wo ㅝ	we ㅞ	wi ㅟ	ui ㅢ
g/k ㄱ																					
n ㄴ																					
d/t ㄷ																					
r/l ㄹ																					
m ㅁ																					
b/p ㅂ																					
s ㅅ																					
/ng ㅇ																					
j ㅈ																					
ch ㅊ																					
k ㅋ																					
t ㅌ																					
p ㅍ																					
h ㅎ																					
kk ㄲ																					
tt ㄸ																					
pp ㅃ																					
ss ㅆ																					
jj ㅉ																					

자음　　모음

ㅎ　ㅠ = 휴

h　yu　hyu

쓰기연습

로마자 표기법

	a ㅏ	ya ㅑ	eo ㅓ	yeo ㅕ	o ㅗ	yo ㅛ	u ㅜ	yu ㅠ	eu ㅡ	i ㅣ	ae ㅐ	yae ㅒ	e ㅔ	ye ㅖ	wa ㅘ	wae ㅙ	oe ㅚ	wo ㅝ	we ㅞ	wi ㅟ	ui ㅢ
g/k ㄱ																					
n ㄴ																					
d/t ㄷ																						
r/l ㄹ																					
m ㅁ																					
b/p ㅂ																						
s ㅅ																					
/ng ㅇ																					
j ㅈ																					
ch ㅊ																					
k ㅋ																					
t ㅌ																					
p ㅍ																					
h ㅎ																					
kk ㄲ																					
tt ㄸ																					
pp ㅃ																					
ss ㅆ																					
jj ㅉ																					

자음　　모음

ㄲ　ㅠ = 뀨

kk　yu　kkyu

쓰기연습

로마자 표기법

	a ㅏ	ya ㅑ	eo ㅓ	yeo ㅕ	o ㅗ	yo ㅛ	u ㅜ	yu ㅠ	eu ㅡ	i ㅣ	ae ㅐ	yae ㅒ	e ㅔ	ye ㅖ	wa ㅘ	wae ㅙ	oe ㅚ	wo ㅝ	we ㅞ	wi ㅟ	ui ㅢ
g/k ㄱ																					
n ㄴ																					
d/t ㄷ																					
r/l ㄹ																					
m ㅁ																					
b/p ㅂ																					
s ㅅ																					
/ng ㅇ																					
j ㅈ																					
ch ㅊ																					
k ㅋ																					
t ㅌ																					
p ㅍ																					
h ㅎ																					
kk ㄲ																					
tt ㄸ																					
pp ㅃ																					
ss ㅆ																					
jj ㅉ																					

자음 모음

ㄸ ㅠ = 뜌

tt yu ttyu

쓰기연습

로마자 표기법

	a ㅏ	ya ㅑ	eo ㅓ	yeo ㅕ	o ㅗ	yo ㅛ	u ㅜ	yu ㅠ	eu ㅡ	i ㅣ	ae ㅐ	yae ㅒ	e ㅔ	ye ㅖ	wa ㅘ	wae ㅙ	oe ㅚ	wo ㅝ	we ㅞ	wi ㅟ	ui ㅢ
g/k ㄱ																					
n ㄴ																					
d/t ㄷ																					
r/l ㄹ																					
m ㅁ																					
b/p ㅂ																					
s ㅅ																					
/ng ㅇ																					
j ㅈ																					
ch ㅊ																					
k ㅋ																					
t ㅌ																					
p ㅍ																					
h ㅎ																					
kk ㄲ																					
tt ㄸ																					
pp ㅃ																					
ss ㅆ																					
jj ㅉ																					

자음 모음

ㅃ ㅠ = 쀼

pp yu ppyu

쓰기연습

로마자 표기법

	a ㅏ	ya ㅑ	eo ㅓ	yeo ㅕ	o ㅗ	yo ㅛ	u ㅜ	(yu) ㅠ	eu ㅡ	i ㅣ	ae ㅐ	yae ㅒ	e ㅔ	ye ㅖ	wa ㅘ	wae ㅙ	oe ㅚ	wo ㅝ	we ㅞ	wi ㅟ	ui ㅢ
g/k ㄱ																					
n ㄴ																					
d/t ㄷ																					
r/l ㄹ																					
m ㅁ																					
b/p ㅂ																					
s ㅅ																					
/ng ㅇ																					
j ㅈ																					
ch ㅊ																					
k ㅋ																					
t ㅌ																					
p ㅍ																					
h ㅎ																					
kk ㄲ																					
tt ㄸ																					
pp ㅃ																					
(ss) ㅆ																					
jj ㅉ																					

자음　모음

ㅆ　ㅠ ＝ 슈

ss　yu　ssyu

쓰기연습

로마자 표기법

	a ㅏ	ya ㅑ	eo ㅓ	yeo ㅕ	o ㅗ	yo ㅛ	u ㅜ	(yu) ㅠ	eu ㅡ	i ㅣ	ae ㅐ	yae ㅒ	e ㅔ	ye ㅖ	wa ㅘ	wae ㅙ	oe ㅚ	wo ㅝ	we ㅞ	wi ㅟ	ui ㅢ
g/k ㄱ																					
n ㄴ																					
d/t ㄷ																					
r/l ㄹ																					
m ㅁ																					
b/p ㅂ																						
s ㅅ																					
/ng ㅇ																					
j ㅈ																					
ch ㅊ																					
k ㅋ																					
t ㅌ																					
p ㅍ																					
h ㅎ																					
kk ㄲ																					
tt ㄸ																					
pp ㅃ																					
ss ㅆ																					
(jj) ㅉ																					

자음　모음

ㅉ　ㅠ ＝ 쮸

jj　yu　jjyu

쓰기연습

로마자 표기법

	a ㅏ	ya ㅑ	eo ㅓ	yeo ㅕ	o ㅗ	yo ㅛ	u ㅜ	yu ㅠ	eu ㅡ	i ㅣ	ae ㅐ	yae ㅒ	e ㅔ	ye ㅖ	wa ㅘ	wae ㅙ	oe ㅚ	wo ㅝ	we ㅞ	wi ㅟ	ui ㅢ

g/k ㄱ
n ㄴ
d/t ㄷ
r/l ㄹ
m ㅁ
b/p ㅂ
s ㅅ
/ng ㅇ
j ㅈ
ch ㅊ
k ㅋ
t ㅌ
p ㅍ
h ㅎ
kk ㄲ
tt ㄸ
pp ㅃ
ss ㅆ
jj ㅉ

자음   모음

ㄱ   ㅡ = 그

g   eu   geu

쓰기연습

로마자 표기법

	a ㅏ	ya ㅑ	eo ㅓ	yeo ㅕ	o ㅗ	yo ㅛ	u ㅜ	yu ㅠ	eu ㅡ	i ㅣ	ae ㅐ	yae ㅒ	e ㅔ	ye ㅖ	wa ㅘ	wae ㅙ	oe ㅚ	wo ㅝ	we ㅞ	wi ㅟ	ui ㅢ

g/k ㄱ
n ㄴ
d/t ㄷ
r/l ㄹ
m ㅁ
b/p ㅂ
s ㅅ
/ng ㅇ
j ㅈ
ch ㅊ
k ㅋ
t ㅌ
p ㅍ
h ㅎ
kk ㄲ
tt ㄸ
pp ㅃ
ss ㅆ
jj ㅉ

자음   모음

ㄴ   ㅡ = 느

n   eu   neu

쓰기연습

로마자 쓰기연습

로마자 표기법

	a ㅏ	ya ㅑ	eo ㅓ	yeo ㅕ	o ㅗ	yo ㅛ	u ㅜ	yu ㅠ	eu ㅡ	i ㅣ	ae ㅐ	yae ㅒ	e ㅔ	ye ㅖ	wa ㅘ	wae ㅙ	oe ㅚ	wo ㅝ	we ㅞ	wi ㅟ	ui ㅢ
g/k ㄱ																					
n ㄴ																					
d/t ㄷ																					
r/l ㄹ																					
m ㅁ																					
b/p ㅂ																					
s ㅅ																					
/ng ㅇ																					
j ㅈ																					
ch ㅊ																					
k ㅋ																					
t ㅌ																					
p ㅍ																					
h ㅎ																					
kk ㄲ																					
tt ㄸ																					
pp ㅃ																					
ss ㅆ																					
jj ㅉ																					

자음   모음

ㄷ ㅡ = 드

d eu = deu

쓰기연습

로마자 표기법

	a ㅏ	ya ㅑ	eo ㅓ	yeo ㅕ	o ㅗ	yo ㅛ	u ㅜ	yu ㅠ	eu ㅡ	i ㅣ	ae ㅐ	yae ㅒ	e ㅔ	ye ㅖ	wa ㅘ	wae ㅙ	oe ㅚ	wo ㅝ	we ㅞ	wi ㅟ	ui ㅢ
g/k ㄱ																					
n ㄴ																					
d/t ㄷ																					
r/l ㄹ																					
m ㅁ																					
b/p ㅂ																					
s ㅅ																					
/ng ㅇ																					
j ㅈ																					
ch ㅊ																					
k ㅋ																					
t ㅌ																					
p ㅍ																					
h ㅎ																					
kk ㄲ																					
tt ㄸ																					
pp ㅃ																					
ss ㅆ																					
jj ㅉ																					

자음   모음

ㄹ ㅡ = 르

r eu = reu

쓰기연습

로마자 표기법

	a ㅏ	ya ㅑ	eo ㅓ	yeo ㅕ	o ㅗ	yo ㅛ	u ㅜ	yu ㅠ	eu ㅡ	i ㅣ	ae ㅐ	yae ㅒ	e ㅔ	ye ㅖ	wa ㅘ	wae ㅙ	oe ㅚ	wo ㅝ	we ㅞ	wi ㅟ	ui ㅢ
g/k ㄱ																					
n ㄴ																					
d/t ㄷ																					
r/l ㄹ																					
m ㅁ																					
b/p ㅂ																					
s ㅅ																					
/ng ㅇ																					
j ㅈ																					
ch ㅊ																					
k ㅋ																					
t ㅌ																					
p ㅍ																					
h ㅎ																					
kk ㄲ																					
tt ㄸ																					
pp ㅃ																					
ss ㅆ																					
jj ㅉ																					

자음   모음

ㅁ ㅡ = 므

m eu = meu

쓰기연습

로마자 표기법

자음   모음

ㅂ ㅡ = 브

b eu = beu

쓰기연습

로마자 표기법

	a ㅏ	ya ㅑ	eo ㅓ	yeo ㅕ	o ㅗ	yo ㅛ	u ㅜ	yu ㅠ	(eu) ㅡ	i ㅣ	ae ㅐ	yae ㅒ	e ㅔ	ye ㅖ	wa ㅘ	wae ㅙ	oe ㅚ	wo ㅝ	we ㅞ	wi ㅟ	ui ㅢ
g/k ㄱ																					
n ㄴ																					
d/t ㄷ																					
r/l ㄹ																					
m ㅁ																					
b/p ㅂ																					
(s) ㅅ																					
/ng ㅇ																					
j ㅈ																					
ch ㅊ																					
k ㅋ																					
t ㅌ																					
p ㅍ																					
h ㅎ																					
kk ㄲ																					
tt ㄸ																					
pp ㅃ																					
ss ㅆ																					
jj ㅉ																					

자음 　 모음

ㅅ 　 ㅡ = 스

s 　 eu = seu

쓰기연습

로마자 표기법

	a ㅏ	ya ㅑ	eo ㅓ	yeo ㅕ	o ㅗ	yo ㅛ	u ㅜ	yu ㅠ	(eu) ㅡ	i ㅣ	ae ㅐ	yae ㅒ	e ㅔ	ye ㅖ	wa ㅘ	wae ㅙ	oe ㅚ	wo ㅝ	we ㅞ	wi ㅟ	ui ㅢ
g/k ㄱ																					
n ㄴ																					
d/t ㄷ																					
r/l ㄹ																					
m ㅁ																					
b/p ㅂ																					
s ㅅ																					
(/ng) ㅇ																					
j ㅈ																					
ch ㅊ																					
k ㅋ																					
t ㅌ																					
p ㅍ																					
h ㅎ																					
kk ㄲ																					
tt ㄸ																					
pp ㅃ																					
ss ㅆ																					
jj ㅉ																					

모음 　 자음

으 　 ㅇ = 응

eu 　 ng = eung

쓰기연습

로마자 표기법

	a ㅏ	ya ㅑ	eo ㅓ	yeo ㅕ	o ㅗ	yo ㅛ	u ㅜ	yu ㅠ	eu ㅡ	i ㅣ	ae ㅐ	yae ㅒ	e ㅔ	ye ㅖ	wa ㅘ	wae ㅙ	oe ㅚ	wo ㅝ	we ㅞ	wi ㅟ	ui ㅢ
g/k ㄱ																					
n ㄴ																					
d/t ㄷ																					
r/l ㄹ																					
m ㅁ																					
b/p ㅂ																					
s ㅅ																					
/ng ㅇ																					
j ㅈ																					
ch ㅊ																					
k ㅋ																					
t ㅌ																					
p ㅍ																					
h ㅎ																					
kk ㄲ																					
tt ㄸ																					
pp ㅃ																					
ss ㅆ																					
jj ㅉ																					

자음   모음

ㅈ ㅡ = 즈

j eu = jeu

쓰기연습

로마자 표기법

	a ㅏ	ya ㅑ	eo ㅓ	yeo ㅕ	o ㅗ	yo ㅛ	u ㅜ	yu ㅠ	eu ㅡ	i ㅣ	ae ㅐ	yae ㅒ	e ㅔ	ye ㅖ	wa ㅘ	wae ㅙ	oe ㅚ	wo ㅝ	we ㅞ	wi ㅟ	ui ㅢ
g/k ㄱ																					
n ㄴ																					
d/t ㄷ																						
r/l ㄹ																						
m ㅁ																						
b/p ㅂ																						
s ㅅ																						
/ng ㅇ																						
j ㅈ																						
ch ㅊ																						
k ㅋ																						
t ㅌ																						
p ㅍ																						
h ㅎ																						
kk ㄲ																						
tt ㄸ																						
pp ㅃ																						
ss ㅆ																						
jj ㅉ																						

자음   모음

ㅊ ㅡ = 츠

ch eu = cheu

쓰기연습

로마자 표기법

	a ㅏ	ya ㅑ	eo ㅓ	yeo ㅕ	o ㅗ	yo ㅛ	u ㅜ	yu ㅠ	eu ㅡ	i ㅣ	ae ㅐ	yae ㅒ	e ㅔ	ye ㅖ	wa ㅘ	wae ㅙ	oe ㅚ	wo ㅝ	we ㅞ	wi ㅟ	ui ㅢ
g/k ㄱ																					
n ㄴ																					
d/t ㄷ																					
r/l ㄹ																					
m ㅁ																					
b/p ㅂ																					
s ㅅ																					
/ng ㅇ																					
j ㅈ																					
ch ㅊ																					
k ㅋ																					
t ㅌ																					
p ㅍ																					
h ㅎ																					
kk ㄲ																					
tt ㄸ																					
pp ㅃ																					
ss ㅆ																					
jj ㅉ																					

자음   모음

ㅋ   ㅡ = 크
k   eu = keu

쓰기연습

로마자 표기법

	a ㅏ	ya ㅑ	eo ㅓ	yeo ㅕ	o ㅗ	yo ㅛ	u ㅜ	yu ㅠ	eu ㅡ	i ㅣ	ae ㅐ	yae ㅒ	e ㅔ	ye ㅖ	wa ㅘ	wae ㅙ	oe ㅚ	wo ㅝ	we ㅞ	wi ㅟ	ui ㅢ
g/k ㄱ																					
n ㄴ																					
d/t ㄷ																						
r/l ㄹ																						
m ㅁ																						
b/p ㅂ																						
s ㅅ																						
/ng ㅇ																						
j ㅈ																						
ch ㅊ																						
k ㅋ																						
t ㅌ																						
p ㅍ																						
h ㅎ																						
kk ㄲ																						
tt ㄸ																						
pp ㅃ																						
ss ㅆ																						
jj ㅉ																						

자음   모음

ㅌ   ㅡ = ㅌ
t   eu = teu

쓰기연습

로마자 표기법

	a ㅏ	ya ㅑ	eo ㅓ	yeo ㅕ	o ㅗ	yo ㅛ	u ㅜ	yu ㅠ	eu ㅡ	i ㅣ	ae ㅐ	yae ㅒ	e ㅔ	ye ㅖ	wa ㅘ	wae ㅙ	oe ㅚ	wo ㅝ	we ㅞ	wi ㅟ	ui ㅢ
g/k ㄱ																					
n ㄴ																					
d/t ㄷ																					
r/l ㄹ																					
m ㅁ																					
b/p ㅂ																					
s ㅅ																					
/ng ㅇ																					
j ㅈ																					
ch ㅊ																					
k ㅋ																					
t ㅌ																					
p ㅍ																					
h ㅎ																					
kk ㄲ																					
tt ㄸ																					
pp ㅃ																					
ss ㅆ																					
jj ㅉ																					

자음 모음

ㅍ ㅡ = 프

p eu = peu

쓰기연습

로마자 표기법

자음 모음

ㅎ ㅡ = 흐

h eu = heu

쓰기연습

로마자 표기법

	a ㅏ	ya ㅑ	eo ㅓ	yeo ㅕ	o ㅗ	yo ㅛ	u ㅜ	yu ㅠ	eu ㅡ	i ㅣ	ae ㅐ	yae ㅒ	e ㅔ	ye ㅖ	wa ㅘ	wae ㅙ	oe ㅚ	wo ㅝ	we ㅞ	wi ㅟ	ui ㅢ
g/k ㄱ																					
n ㄴ																					
d/t ㄷ																					
r/l ㄹ																					
m ㅁ																					
b/p ㅂ																					
s ㅅ																					
/ng ㅇ																					
j ㅈ																					
ch ㅊ																					
k ㅋ																					
t ㅌ																					
p ㅍ																					
h ㅎ																					
kk ㄲ																					
tt ㄸ																					
pp ㅃ																					
ss ㅆ																					
jj ㅉ																					

자음 　 모음

ㄲ 　 ㅡ = 끄

kk　eu　kkeu

쓰기연습

로마자 표기법

	a ㅏ	ya ㅑ	eo ㅓ	yeo ㅕ	o ㅗ	yo ㅛ	u ㅜ	yu ㅠ	eu ㅡ	i ㅣ	ae ㅐ	yae ㅒ	e ㅔ	ye ㅖ	wa ㅘ	wae ㅙ	oe ㅚ	wo ㅝ	we ㅞ	wi ㅟ	ui ㅢ
g/k ㄱ																					
n ㄴ																					
d/t ㄷ																						
r/l ㄹ																						
m ㅁ																						
b/p ㅂ																						
s ㅅ																						
/ng ㅇ																						
j ㅈ																						
ch ㅊ																						
k ㅋ																						
t ㅌ																						
p ㅍ																						
h ㅎ																						
kk ㄲ																					
tt ㄸ																						
pp ㅃ																						
ss ㅆ																						
jj ㅉ																						

자음 　 모음

ㄸ 　 ㅡ = 뜨

tt　eu　tteu

쓰기연습

로마자 표기법

| | a ㅏ | ya ㅑ | eo ㅓ | yeo ㅕ | o ㅗ | yo ㅛ | u ㅜ | yu ㅠ | eu ㅡ | i ㅣ | ae ㅐ | yae ㅒ | e ㅔ | ye ㅖ | wa ㅘ | wae ㅙ | oe ㅚ | wo ㅝ | we ㅞ | wi ㅟ | ui ㅢ |

자음 모음

ㅃ ㅡ = 쁘

pp eu = ppeu

쓰기연습

로마자 표기법

자음 모음

ㅆ ㅡ = 쓰

ss eu = sseu

쓰기연습

로마자 표기법

	a ㅏ	ya ㅑ	eo ㅓ	yeo ㅕ	o ㅗ	yo ㅛ	u ㅜ	yu ㅠ	(eu ㅡ)	i ㅣ	ae ㅐ	yae ㅒ	e ㅔ	ye ㅖ	wa ㅘ	wae ㅙ	oe ㅚ	wo ㅝ	we ㅞ	wi ㅟ	ui ㅢ
g/k ㄱ																					
n ㄴ																					
d/t ㄷ																					
r/l ㄹ																					
m ㅁ																					
b/p ㅂ																					
s ㅅ																					
/ng ㅇ																					
j ㅈ																					
ch ㅊ																					
k ㅋ																					
t ㅌ																					
p ㅍ																					
h ㅎ																					
kk ㄲ																					
tt ㄸ																					
pp ㅃ																					
ss ㅆ																					
(jj ㅉ)																					

자음　　　모음

ㅉ　　ㅡ　＝　쯔
jj　　eu　＝　jjeu

쓰기연습

로마자 표기법

	a ㅏ	ya ㅑ	eo ㅓ	yeo ㅕ	o ㅗ	yo ㅛ	u ㅜ	yu ㅠ	eu ㅡ	(i ㅣ)	ae ㅐ	yae ㅒ	e ㅔ	ye ㅖ	wa ㅘ	wae ㅙ	oe ㅚ	wo ㅝ	we ㅞ	wi ㅟ	ui ㅢ
(g/k ㄱ)																					
n ㄴ																					
d/t ㄷ																					
r/l ㄹ																					
m ㅁ																					
b/p ㅂ																					
s ㅅ																					
/ng ㅇ																					
j ㅈ																					
ch ㅊ																					
k ㅋ																					
t ㅌ																					
p ㅍ																					
h ㅎ																					
kk ㄲ																					
tt ㄸ																					
pp ㅃ																					
ss ㅆ																					
jj ㅉ																					

자음　　　모음

ㄱ　　ㅣ　＝　기
g　　i　＝　gi

쓰기연습

로마자 표기법

	a ㅏ	ya ㅑ	eo ㅓ	yeo ㅕ	o ㅗ	yo ㅛ	u ㅜ	yu ㅠ	eu ㅡ	(i) ㅣ	ae ㅐ	yae ㅒ	e ㅔ	ye ㅖ	wa ㅘ	wae ㅙ	oe ㅚ	wo ㅝ	we ㅞ	wi ㅟ	ui ㅢ
g/k ㄱ																					
(n) ㄴ																					
d/t ㄷ																					
r/l ㄹ																					
m ㅁ																					
b/p ㅂ																					
s ㅅ																					
/ng ㅇ																					
j ㅈ																					
ch ㅊ																					
k ㅋ																					
t ㅌ																					
p ㅍ																					
h ㅎ																					
kk ㄲ																					
tt ㄸ																					
pp ㅃ																					
ss ㅆ																					
jj ㅉ																					

자음 모음

ㄴ ㅣ = 니
n   i   ni

쓰기연습

로마자 표기법

	a ㅏ	ya ㅑ	eo ㅓ	yeo ㅕ	o ㅗ	yo ㅛ	u ㅜ	yu ㅠ	eu ㅡ	(i) ㅣ	ae ㅐ	yae ㅒ	e ㅔ	ye ㅖ	wa ㅘ	wae ㅙ	oe ㅚ	wo ㅝ	we ㅞ	wi ㅟ	ui ㅢ
g/k ㄱ																					
n ㄴ																					
(d/t) ㄷ																					
r/l ㄹ																					
m ㅁ																					
b/p ㅂ																					
s ㅅ																					
/ng ㅇ																					
j ㅈ																					
ch ㅊ																					
k ㅋ																					
t ㅌ																					
p ㅍ																					
h ㅎ																					
kk ㄲ																					
tt ㄸ																					
pp ㅃ																					
ss ㅆ																					
jj ㅉ																					

자음 모음

ㄷ ㅣ = 디
d   i   di

쓰기연습

로마자 표기법

	a ㅏ	ya ㅑ	eo ㅓ	yeo ㅕ	o ㅗ	yo ㅛ	u ㅜ	yu ㅠ	eu ㅡ	i ㅣ	ae ㅐ	yae ㅒ	e ㅔ	ye ㅖ	wa ㅘ	wae ㅙ	oe ㅚ	wo ㅝ	we ㅞ	wi ㅟ	ui ㅢ
g/k ㄱ																					
n ㄴ																					
d/t ㄷ																					
r/l ㄹ																					
m ㅁ																					
b/p ㅂ																					
s ㅅ																					
/ng ㅇ																					
j ㅈ																					
ch ㅊ																					
k ㅋ																					
t ㅌ																					
p ㅍ																					
h ㅎ																					
kk ㄲ																					
tt ㄸ																					
pp ㅃ																					
ss ㅆ																					
jj ㅉ																					

자음 모음

ㄹ ㅣ = 리

r i ri

쓰기연습

로마자 표기법

	a ㅏ	ya ㅑ	eo ㅓ	yeo ㅕ	o ㅗ	yo ㅛ	u ㅜ	yu ㅠ	eu ㅡ	i ㅣ	ae ㅐ	yae ㅒ	e ㅔ	ye ㅖ	wa ㅘ	wae ㅙ	oe ㅚ	wo ㅝ	we ㅞ	wi ㅟ	ui ㅢ
g/k ㄱ																					
n ㄴ																					
d/t ㄷ																					
r/l ㄹ																					
m ㅁ																					
b/p ㅂ																					
s ㅅ																					
/ng ㅇ																					
j ㅈ																					
ch ㅊ																					
k ㅋ																					
t ㅌ																					
p ㅍ																					
h ㅎ																					
kk ㄲ																					
tt ㄸ																					
pp ㅃ																					
ss ㅆ																					
jj ㅉ																					

자음 모음

ㅁ ㅣ = 미

m i mi

쓰기연습

로마자 표기법

자음 모음

ㅂ ㅣ = 비
b i = bi

쓰기연습

로마자 표기법

자음 모음

ㅅ ㅣ = 시
s i = si

쓰기연습

로마자 표기법

	a ㅏ	ya ㅑ	eo ㅓ	yeo ㅕ	o ㅗ	yo ㅛ	u ㅜ	yu ㅠ	eu ㅡ	(i) ㅣ	ae ㅐ	yae ㅒ	e ㅔ	ye ㅖ	wa ㅘ	wae ㅙ	oe ㅚ	wo ㅝ	we ㅞ	wi ㅟ	ui ㅢ
g/k ㄱ																					
n ㄴ																					
d/t ㄷ																					
r/l ㄹ																					
m ㅁ																					
b/p ㅂ																					
s ㅅ																					
(/ng) ㅇ																					
j ㅈ																					
ch ㅊ																					
k ㅋ																					
t ㅌ																					
p ㅍ																					
h ㅎ																					
kk ㄲ																					
tt ㄸ																					
pp ㅃ																					
ss ㅆ																					
jj ㅉ																					

모음   자음
이 ㅇ = 잉
i   ng   ing

쓰기연습

로마자 표기법

	a ㅏ	ya ㅑ	eo ㅓ	yeo ㅕ	o ㅗ	yo ㅛ	u ㅜ	yu ㅠ	eu ㅡ	(i) ㅣ	ae ㅐ	yae ㅒ	e ㅔ	ye ㅖ	wa ㅘ	wae ㅙ	oe ㅚ	wo ㅝ	we ㅞ	wi ㅟ	ui ㅢ
g/k ㄱ																					
n ㄴ																					
d/t ㄷ																						
r/l ㄹ																						
m ㅁ																						
b/p ㅂ																						
s ㅅ																						
/ng ㅇ																					
(j) ㅈ																					
ch ㅊ																					
k ㅋ																					
t ㅌ																					
p ㅍ																					
h ㅎ																					
kk ㄲ																					
tt ㄸ																					
pp ㅃ																					
ss ㅆ																					
jj ㅉ																					

자음   모음
ㅈ ㅣ = 지
j   i   ji

쓰기연습

로마자 표기법

	a ㅏ	ya ㅑ	eo ㅓ	yeo ㅕ	o ㅗ	yo ㅛ	u ㅜ	yu ㅠ	eu ㅡ	i ㅣ	ae ㅐ	yae ㅒ	e ㅔ	ye ㅖ	wa ㅘ	wae ㅙ	oe ㅚ	wo ㅝ	we ㅞ	wi ㅟ	ui ㅢ
g/k ㄱ																					
n ㄴ																					
d/t ㄷ																					
r/l ㄹ																					
m ㅁ																					
b/p ㅂ																					
s ㅅ																					
/ng ㅇ																					
j ㅈ																					
ch ㅊ																					
k ㅋ																					
t ㅌ																					
p ㅍ																					
h ㅎ																					
kk ㄲ																					
tt ㄸ																					
pp ㅃ																					
ss ㅆ																					
jj ㅉ																					

자음   모음

ㅊ ㅣ = 치
ch i = chi

쓰기연습

로마자 표기법

	a ㅏ	ya ㅑ	eo ㅓ	yeo ㅕ	o ㅗ	yo ㅛ	u ㅜ	yu ㅠ	eu ㅡ	i ㅣ	ae ㅐ	yae ㅒ	e ㅔ	ye ㅖ	wa ㅘ	wae ㅙ	oe ㅚ	wo ㅝ	we ㅞ	wi ㅟ	ui ㅢ
g/k ㄱ																					
n ㄴ																					
d/t ㄷ																					
r/l ㄹ																					
m ㅁ																					
b/p ㅂ																					
s ㅅ																					
/ng ㅇ																					
j ㅈ																					
ch ㅊ																					
k ㅋ																					
t ㅌ																					
p ㅍ																					
h ㅎ																					
kk ㄲ																					
tt ㄸ																					
pp ㅃ																					
ss ㅆ																					
jj ㅉ																					

자음   모음

ㅋ ㅣ = 키
k i = ki

쓰기연습

로마자 표기법

	a ㅏ	ya ㅑ	eo ㅓ	yeo ㅕ	o ㅗ	yo ㅛ	u ㅜ	yu ㅠ	eu ㅡ	(i) ㅣ	ae ㅐ	yae ㅒ	e ㅔ	ye ㅖ	wa ㅘ	wae ㅙ	oe ㅚ	wo ㅝ	we ㅞ	wi ㅟ	ui ㅢ
g/k ㄱ																					
n ㄴ																					
d/t ㄷ																					
r/l ㄹ																					
m ㅁ																					
b/p ㅂ																					
s ㅅ																					
/ng ㅇ																					
j ㅈ																					
ch ㅊ																					
k ㅋ																					
(t) ㅌ																					
p ㅍ																					
h ㅎ																					
kk ㄲ																					
tt ㄸ																					
pp ㅃ																					
ss ㅆ																					
jj ㅉ																					

자음   모음

ㅌ   ㅣ = 티
t   i = ti

쓰기연습

로마자 표기법

	a ㅏ	ya ㅑ	eo ㅓ	yeo ㅕ	o ㅗ	yo ㅛ	u ㅜ	yu ㅠ	eu ㅡ	(i) ㅣ	ae ㅐ	yae ㅒ	e ㅔ	ye ㅖ	wa ㅘ	wae ㅙ	oe ㅚ	wo ㅝ	we ㅞ	wi ㅟ	ui ㅢ
g/k ㄱ																					
n ㄴ																					
d/t ㄷ																					
r/l ㄹ																					
m ㅁ																					
b/p ㅂ																					
s ㅅ																					
/ng ㅇ																					
j ㅈ																					
ch ㅊ																					
k ㅋ																					
t ㅌ																					
(p) ㅍ																					
h ㅎ																					
kk ㄲ																					
tt ㄸ																					
pp ㅃ																					
ss ㅆ																					
jj ㅉ																					

자음   모음

ㅍ   ㅣ = 피
p   i = pi

쓰기연습

로마자 표기법

	a ㅏ	ya ㅑ	eo ㅓ	yeo ㅕ	o ㅗ	yo ㅛ	u ㅜ	yu ㅠ	eu ㅡ	i ㅣ	ae ㅐ	yae ㅒ	e ㅔ	ye ㅖ	wa ㅘ	wae ㅙ	oe ㅚ	wo ㅝ	we ㅞ	wi ㅟ	ui ㅢ
g/k ㄱ																					
n ㄴ																					
d/t ㄷ																					
r/l ㄹ																					
m ㅁ																					
b/p ㅂ																					
s ㅅ																					
/ng ㅇ																					
j ㅈ																					
ch ㅊ																					
k ㅋ																					
t ㅌ																					
p ㅍ																					
h ㅎ																					
kk ㄲ																					
tt ㄸ																					
pp ㅃ																					
ss ㅆ																					
jj ㅉ																					

자음   모음

ㅎ　ㅣ　=　히
h　　i　=　hi

쓰기연습

로마자 표기법

	a ㅏ	ya ㅑ	eo ㅓ	yeo ㅕ	o ㅗ	yo ㅛ	u ㅜ	yu ㅠ	eu ㅡ	i ㅣ	ae ㅐ	yae ㅒ	e ㅔ	ye ㅖ	wa ㅘ	wae ㅙ	oe ㅚ	wo ㅝ	we ㅞ	wi ㅟ	ui ㅢ
g/k ㄱ																					
n ㄴ																					
d/t ㄷ																					
r/l ㄹ																					
m ㅁ																					
b/p ㅂ																						
s ㅅ																					
/ng ㅇ																					
j ㅈ																					
ch ㅊ																					
k ㅋ																					
t ㅌ																					
p ㅍ																					
h ㅎ																					
kk ㄲ																					
tt ㄸ																					
pp ㅃ																					
ss ㅆ																					
jj ㅉ																					

자음   모음

ㄲ　ㅣ　=　끼
kk　　i　=　kki

쓰기연습

로마자 표기법

	a ㅏ	ya ㅑ	eo ㅓ	yeo ㅕ	o ㅗ	yo ㅛ	u ㅜ	yu ㅠ	eu ㅡ	i ㅣ	ae ㅐ	yae ㅒ	e ㅔ	ye ㅖ	wa ㅘ	wae ㅙ	oe ㅚ	wo ㅝ	we ㅞ	wi ㅟ	ui ㅢ
g/k ㄱ																					
n ㄴ																					
d/t ㄷ																					
r/l ㄹ																					
m ㅁ																					
b/p ㅂ																					
s ㅅ																					
/ng ㅇ																					
j ㅈ																					
ch ㅊ																					
k ㅋ																					
t ㅌ																					
p ㅍ																					
h ㅎ																					
kk ㄲ																					
tt ㄸ																					
pp ㅃ																					
ss ㅆ																					
jj ㅉ																					

자음   모음

ㄸ   ㅣ = 띠

tt   i = tti

쓰기연습

로마자 표기법

	a ㅏ	ya ㅑ	eo ㅓ	yeo ㅕ	o ㅗ	yo ㅛ	u ㅜ	yu ㅠ	eu ㅡ	i ㅣ	ae ㅐ	yae ㅒ	e ㅔ	ye ㅖ	wa ㅘ	wae ㅙ	oe ㅚ	wo ㅝ	we ㅞ	wi ㅟ	ui ㅢ
g/k ㄱ																					
n ㄴ																					
d/t ㄷ																					
r/l ㄹ																					
m ㅁ																					
b/p ㅂ																					
s ㅅ																					
/ng ㅇ																					
j ㅈ																					
ch ㅊ																					
k ㅋ																					
t ㅌ																					
p ㅍ																					
h ㅎ																					
kk ㄲ																					
tt ㄸ																					
pp ㅃ																					
ss ㅆ																					
jj ㅉ																					

자음   모음

ㅃ   ㅣ = 삐

pp   i = ppi

쓰기연습

로마자 표기법

	a ㅏ	ya ㅑ	eo ㅓ	yeo ㅕ	o ㅗ	yo ㅛ	u ㅜ	yu ㅠ	eu ㅡ	i ㅣ	ae ㅐ	yae ㅒ	e ㅔ	ye ㅖ	wa ㅘ	wae ㅙ	oe ㅚ	wo ㅝ	we ㅞ	wi ㅟ	ui ㅢ
g/k ㄱ																					
n ㄴ																					
d/t ㄷ																					
r/l ㄹ																					
m ㅁ																					
b/p ㅂ																					
s ㅅ																					
/ng ㅇ																					
j ㅈ																					
ch ㅊ																					
k ㅋ																					
t ㅌ																					
p ㅍ																					
h ㅎ																					
kk ㄲ																					
tt ㄸ																					
pp ㅃ																					
ss ㅆ																					
jj ㅉ																					

자음   모음

ㅆ ㅣ = 씨
ss i = ssi

쓰기연습

로마자 표기법

	a ㅏ	ya ㅑ	eo ㅓ	yeo ㅕ	o ㅗ	yo ㅛ	u ㅜ	yu ㅠ	eu ㅡ	i ㅣ	ae ㅐ	yae ㅒ	e ㅔ	ye ㅖ	wa ㅘ	wae ㅙ	oe ㅚ	wo ㅝ	we ㅞ	wi ㅟ	ui ㅢ
g/k ㄱ																					
n ㄴ																					
d/t ㄷ																					
r/l ㄹ																					
m ㅁ																					
b/p ㅂ																						
s ㅅ																					
/ng ㅇ																					
j ㅈ																					
ch ㅊ																					
k ㅋ																					
t ㅌ																					
p ㅍ																					
h ㅎ																					
kk ㄲ																					
tt ㄸ																					
pp ㅃ																					
ss ㅆ																					
jj ㅉ																					

자음   모음

ㅉ ㅣ = 찌
jj i = jji

쓰기연습

로마자 표기법

	a ㅏ	ya ㅑ	eo ㅓ	yeo ㅕ	o ㅗ	yo ㅛ	u ㅜ	yu ㅠ	eu ㅡ	i ㅣ	ae ㅐ	yae ㅒ	e ㅔ	ye ㅖ	wa ㅘ	wae ㅙ	oe ㅚ	wo ㅝ	we ㅞ	wi ㅟ	ui ㅢ
g/k ㄱ																					

ㄱ ㅐ = 개
g ae   gae

쓰기연습

로마자 표기법

	a ㅏ	ya ㅑ	eo ㅓ	yeo ㅕ	o ㅗ	yo ㅛ	u ㅜ	yu ㅠ	eu ㅡ	i ㅣ	ae ㅐ	yae ㅒ	e ㅔ	ye ㅖ	wa ㅘ	wae ㅙ	oe ㅚ	wo ㅝ	we ㅞ	wi ㅟ	ui ㅢ
n ㄴ																					

ㄴ ㅐ = 내
n ae   nae

쓰기연습

로마자 표기법

	a ㅏ	ya ㅑ	eo ㅓ	yeo ㅕ	o ㅗ	yo ㅛ	u ㅜ	yu ㅠ	eu ㅡ	i ㅣ	ae ㅐ	yae ㅒ	e ㅔ	ye ㅖ	wa ㅘ	wae ㅙ	oe ㅚ	wo ㅝ	we ㅞ	wi ㅟ	ui ㅢ
g/k ㄱ																					
n ㄴ																					
(d/t) ㄷ																					
r/l ㄹ																					
m ㅁ																					
b/p ㅂ																					
s ㅅ																					
/ng ㅇ																					
j ㅈ																					
ch ㅊ																					
k ㅋ																					
t ㅌ																					
p ㅍ																					
h ㅎ																					
kk ㄲ																					
tt ㄸ																					
pp ㅃ																					
ss ㅆ																					
jj ㅉ																					

자음   모음

ㄷ ㅐ = 대
d ae   dae

쓰기연습

로마자 표기법

	a ㅏ	ya ㅑ	eo ㅓ	yeo ㅕ	o ㅗ	yo ㅛ	u ㅜ	yu ㅠ	eu ㅡ	i ㅣ	ae ㅐ	yae ㅒ	e ㅔ	ye ㅖ	wa ㅘ	wae ㅙ	oe ㅚ	wo ㅝ	we ㅞ	wi ㅟ	ui ㅢ
g/k ㄱ																					
n ㄴ																					
d/t ㄷ																					
(r/l) ㄹ																					
m ㅁ																					
b/p ㅂ																					
s ㅅ																					
/ng ㅇ																					
j ㅈ																					
ch ㅊ																					
k ㅋ																					
t ㅌ																					
p ㅍ																					
h ㅎ																					
kk ㄲ																					
tt ㄸ																					
pp ㅃ																					
ss ㅆ																					
jj ㅉ																					

자음   모음

ㄹ ㅐ = 래
r ae   rae

쓰기연습

로마자 표기법

	a ㅏ	ya ㅑ	eo ㅓ	yeo ㅕ	o ㅗ	yo ㅛ	u ㅜ	yu ㅠ	eu ㅡ	i ㅣ	ae ㅐ	yae ㅒ	e ㅔ	ye ㅖ	wa ㅘ	wae ㅙ	oe ㅚ	wo ㅝ	we ㅞ	wi ㅟ	ui ㅢ
g/k ㄱ																					
n ㄴ																					
d/t ㄷ																					
r/l ㄹ																					
m ㅁ																					
b/p ㅂ																					
s ㅅ																					
/ng ㅇ																					
j ㅈ																					
ch ㅊ																					
k ㅋ																					
t ㅌ																					
p ㅍ																					
h ㅎ																					
kk ㄲ																					
tt ㄸ																					
pp ㅃ																					
ss ㅆ																					
jj ㅉ																					

자음　모음

ㅁ　ㅐ　＝　매
m　ae　　mae

쓰기연습

로마자 표기법

자음　모음

ㅂ　ㅐ　＝　배
b　ae　　bae

쓰기연습

로마자 표기법

	a ㅏ	ya ㅑ	eo ㅓ	yeo ㅕ	o ㅗ	yo ㅛ	u ㅜ	yu ㅠ	eu ㅡ	i ㅣ	ae ㅐ	yae ㅒ	e ㅔ	ye ㅖ	wa ㅘ	wae ㅙ	oe ㅚ	wo ㅝ	we ㅞ	wi ㅟ	ui ㅢ
g/k ㄱ																					
n ㄴ																					
d/t ㄷ																					
r/l ㄹ																					
m ㅁ																					
b/p ㅂ																					
s/ㅅ																					
ng ㅇ																					
j ㅈ																					
ch ㅊ																					
k ㅋ																					
t ㅌ																					
p ㅍ																					
h ㅎ																					
kk ㄲ																					
tt ㄸ																					
pp ㅃ																					
ss ㅆ																					
jj ㅉ																					

자음   모음

ㅅ   ㅐ = 새
s   ae = sae

쓰기연습

로마자 표기법

모음   자음

애   ㅇ = 앵
ae   ng = aeng

쓰기연습

로마자 표기법

ㅈ + ㅐ = 재
j + ae = jae

쓰기연습

로마자 표기법

ㅊ + ㅐ = 채
ch + ae = chae

쓰기연습

로마자 표기법

	a ㅏ	ya ㅑ	eo ㅓ	yeo ㅕ	o ㅗ	yo ㅛ	u ㅜ	yu ㅠ	eu ㅡ	i ㅣ	ae ㅐ	yae ㅒ	e ㅔ	ye ㅖ	wa ㅘ	wae ㅙ	oe ㅚ	wo ㅝ	we ㅞ	wi ㅟ	ui ㅢ
g/k ㄱ																					
n ㄴ																					
d/t ㄷ																					
r/l ㄹ																					
m ㅁ																					
b/p ㅂ																					
s ㅅ																					
/ng ㅇ																					
j ㅈ																					
ch ㅊ																					
k ㅋ																					
t ㅌ																					
p ㅍ																					
h ㅎ																					
kk ㄲ																					
tt ㄸ																					
pp ㅃ																					
ss ㅆ																					
jj ㅉ																					

자음 모음

ㅋ ㅐ = 캐
k   ae = kae

쓰기연습

로마자 표기법

	a ㅏ	ya ㅑ	eo ㅓ	yeo ㅕ	o ㅗ	yo ㅛ	u ㅜ	yu ㅠ	eu ㅡ	i ㅣ	ae ㅐ	yae ㅒ	e ㅔ	ye ㅖ	wa ㅘ	wae ㅙ	oe ㅚ	wo ㅝ	we ㅞ	wi ㅟ	ui ㅢ
g/k ㄱ																					
n ㄴ																					
d/t ㄷ																						
r/l ㄹ																						
m ㅁ																					
b/p ㅂ																					
s ㅅ																					
/ng ㅇ																					
j ㅈ																					
ch ㅊ																					
k ㅋ																					
t ㅌ																					
p ㅍ																					
h ㅎ																					
kk ㄲ																					
tt ㄸ																					
pp ㅃ																					
ss ㅆ																					
jj ㅉ																					

자음 모음

ㅌ ㅐ = 태
t   ae = tae

쓰기연습

로마자 표기법

	a ㅏ	ya ㅑ	eo ㅓ	yeo ㅕ	o ㅗ	yo ㅛ	u ㅜ	yu ㅠ	eu ㅡ	i ㅣ	ae ㅐ	yae ㅒ	e ㅔ	ye ㅖ	wa ㅘ	wae ㅙ	oe ㅚ	wo ㅝ	we ㅞ	wi ㅟ	ui ㅢ
g/k ㄱ																					
n ㄴ																					
d/t ㄷ																					
r/l ㄹ																					
m ㅁ																					
b/p ㅂ																					
s ㅅ																					
/ng ㅇ																					
j ㅈ																					
ch ㅊ																					
k ㅋ																					
t ㅌ																					
p ㅍ																					
h ㅎ																					
kk ㄲ																					
tt ㄸ																					
pp ㅃ																					
ss ㅆ																					
jj ㅉ																					

자음 모음

ㅍ ㅐ = 패

p ae pae

쓰기연습

로마자 표기법

	a ㅏ	ya ㅑ	eo ㅓ	yeo ㅕ	o ㅗ	yo ㅛ	u ㅜ	yu ㅠ	eu ㅡ	i ㅣ	ae ㅐ	yae ㅒ	e ㅔ	ye ㅖ	wa ㅘ	wae ㅙ	oe ㅚ	wo ㅝ	we ㅞ	wi ㅟ	ui ㅢ
g/k ㄱ																					
n ㄴ																					
d/t ㄷ																					
r/l ㄹ																					
m ㅁ																					
b/p ㅂ																					
s ㅅ																					
/ng ㅇ																					
j ㅈ																					
ch ㅊ																					
k ㅋ																					
t ㅌ																					
p ㅍ																					
h ㅎ																					
kk ㄲ																					
tt ㄸ																					
pp ㅃ																					
ss ㅆ																					
jj ㅉ																					

자음 모음

ㅎ ㅐ = 해

h ae hae

쓰기연습

로마자 표기법

	a ㅏ	ya ㅑ	eo ㅓ	yeo ㅕ	o ㅗ	yo ㅛ	u ㅜ	yu ㅠ	eu ㅡ	i ㅣ	ae ㅐ	yae ㅒ	e ㅔ	ye ㅖ	wa ㅘ	wae ㅙ	oe ㅚ	wo ㅝ	we ㅞ	wi ㅟ	ui ㅢ
g/k ㄱ																					
n ㄴ																					
d/t ㄷ																					
r/l ㄹ																					
m ㅁ																					
b/p ㅂ																					
s ㅅ																					
/ng ㅇ																					
j ㅈ																					
ch ㅊ																					
k ㅋ																					
t ㅌ																					
p ㅍ																					
h ㅎ																					
kk ㄲ																					
tt ㄸ																					
pp ㅃ																					
ss ㅆ																					
jj ㅉ																					

자음   모음

ㄲ   ㅐ = 깨
kk   ae   kkae

쓰기연습

로마자 표기법

	a ㅏ	ya ㅑ	eo ㅓ	yeo ㅕ	o ㅗ	yo ㅛ	u ㅜ	yu ㅠ	eu ㅡ	i ㅣ	ae ㅐ	yae ㅒ	e ㅔ	ye ㅖ	wa ㅘ	wae ㅙ	oe ㅚ	wo ㅝ	we ㅞ	wi ㅟ	ui ㅢ
g/k ㄱ																					
n ㄴ																					
d/t ㄷ																						
r/l ㄹ																						
m ㅁ																						
b/p ㅂ																						
s ㅅ																						
/ng ㅇ																						
j ㅈ																						
ch ㅊ																						
k ㅋ																						
t ㅌ																						
p ㅍ																						
h ㅎ																						
kk ㄲ																						
tt ㄸ																						
pp ㅃ																						
ss ㅆ																						
jj ㅉ																						

자음   모음

ㄸ   ㅐ = 때
tt   ae   ttae

쓰기연습

로마자 쓰기연습

로마자 표기법

	a ㅏ	ya ㅑ	eo ㅓ	yeo ㅕ	o ㅗ	yo ㅛ	u ㅜ	yu ㅠ	eu ㅡ	i ㅣ	ae ㅐ	yae ㅒ	e ㅔ	ye ㅖ	wa ㅘ	wae ㅙ	oe ㅚ	wo ㅝ	we ㅞ	wi ㅟ	ui ㅢ
g/k ㄱ																					
n ㄴ																					
d/t ㄷ																					
r/l ㄹ																					
m ㅁ																					
b/p ㅂ																					
s ㅅ																					
/ng ㅇ																					
j ㅈ																					
ch ㅊ																					
k ㅋ																					
t ㅌ																					
p ㅍ																					
h ㅎ																					
kk ㄲ																					
tt ㄸ																					
pp ㅃ																					
ss ㅆ																					
jj ㅉ																					

자음   모음

ㅃ   ㅐ = ㅃㅐ

pp ae ppae

쓰기연습

로마자 표기법

	a ㅏ	ya ㅑ	eo ㅓ	yeo ㅕ	o ㅗ	yo ㅛ	u ㅜ	yu ㅠ	eu ㅡ	i ㅣ	ae ㅐ	yae ㅒ	e ㅔ	ye ㅖ	wa ㅘ	wae ㅙ	oe ㅚ	wo ㅝ	we ㅞ	wi ㅟ	ui ㅢ
g/k ㄱ																					
n ㄴ																					
d/t ㄷ																					
r/l ㄹ																					
m ㅁ																					
b/p ㅂ																					
s ㅅ																					
/ng ㅇ																					
j ㅈ																					
ch ㅊ																					
k ㅋ																					
t ㅌ																					
p ㅍ																					
h ㅎ																					
kk ㄲ																					
tt ㄸ																					
pp ㅃ																					
ss ㅆ																					
jj ㅉ																					

자음   모음

ㅆ   ㅐ = ㅆㅐ

ss ae ssae

쓰기연습

로마자 표기법

	a ㅏ	ya ㅑ	eo ㅓ	yeo ㅕ	o ㅗ	yo ㅛ	u ㅜ	yu ㅠ	eu ㅡ	i ㅣ	ae ㅐ	yae ㅒ	e ㅔ	ye ㅖ	wa ㅘ	wae ㅙ	oe ㅚ	wo ㅝ	we ㅞ	wi ㅟ	ui ㅢ
g/k ㄱ																					
n ㄴ																					
d/t ㄷ																					
r/l ㄹ																					
m ㅁ																					
b/p ㅂ																					
s ㅅ																					
/ng ㅇ																					
j ㅈ																					
ch ㅊ																					
k ㅋ																					
t ㅌ																					
p ㅍ																					
h ㅎ																					
kk ㄲ																					
tt ㄸ																					
pp ㅃ																					
ss ㅆ																					
jj ㅉ																					

자음　　모음

ㅉ　ㅐ = 째

jj　ae　jjae

쓰기연습

로마자 표기법

	a ㅏ	ya ㅑ	eo ㅓ	yeo ㅕ	o ㅗ	yo ㅛ	u ㅜ	yu ㅠ	eu ㅡ	i ㅣ	ae ㅐ	yae ㅒ	e ㅔ	ye ㅖ	wa ㅘ	wae ㅙ	oe ㅚ	wo ㅝ	we ㅞ	wi ㅟ	ui ㅢ
g/k ㄱ																					
n ㄴ																					
d/t ㄷ																						
r/l ㄹ																						
m ㅁ																						
b/p ㅂ																						
s ㅅ																						
/ng ㅇ																						
j ㅈ																						
ch ㅊ																						
k ㅋ																						
t ㅌ																						
p ㅍ																						
h ㅎ																						
kk ㄲ																						
tt ㄸ																						
pp ㅃ																						
ss ㅆ																						
jj ㅉ																						

자음　　모음

ㄱ　ㅒ = 걔

g　yae　gyae

쓰기연습

로마자 표기법

	a ㅏ	ya ㅑ	eo ㅓ	yeo ㅕ	o ㅗ	yo ㅛ	u ㅜ	yu ㅠ	eu ㅡ	i ㅣ	ae ㅐ	yae ㅒ	e ㅔ	ye ㅖ	wa ㅘ	wae ㅙ	oe ㅚ	wo ㅝ	we ㅞ	wi ㅟ	ui ㅢ
g/k ㄱ																					
n ㄴ																					
d/t ㄷ																					
r/l ㄹ																					
m ㅁ																					
b/p ㅂ																					
s ㅅ																					
/ng ㅇ																					
j ㅈ																					
ch ㅊ																					
k ㅋ																					
t ㅌ																					
p ㅍ																					
h ㅎ																					
kk ㄲ																					
tt ㄸ																					
pp ㅃ																					
ss ㅆ																					
jj ㅉ																					

자음   모음

ㄴ ㅒ = 냬

n yae nyae

쓰기연습

로마자 표기법

	a ㅏ	ya ㅑ	eo ㅓ	yeo ㅕ	o ㅗ	yo ㅛ	u ㅜ	yu ㅠ	eu ㅡ	i ㅣ	ae ㅐ	yae ㅒ	e ㅔ	ye ㅖ	wa ㅘ	wae ㅙ	oe ㅚ	wo ㅝ	we ㅞ	wi ㅟ	ui ㅢ
g/k ㄱ																					
n ㄴ																					
d/t ㄷ																						
r/l ㄹ																						
m ㅁ																						
b/p ㅂ																						
s ㅅ																						
/ng ㅇ																						
j ㅈ																						
ch ㅊ																						
k ㅋ																						
t ㅌ																						
p ㅍ																						
h ㅎ																						
kk ㄲ																						
tt ㄸ																						
pp ㅃ																						
ss ㅆ																						
jj ㅉ																						

자음   모음

ㄷ ㅒ = 댸

d yae dyae

쓰기연습

로마자 표기법

	a ㅏ	ya ㅑ	eo ㅓ	yeo ㅕ	o ㅗ	yo ㅛ	u ㅜ	yu ㅠ	eu ㅡ	i ㅣ	ae ㅐ	yae ㅒ	e ㅔ	ye ㅖ	wa ㅘ	wae ㅙ	oe ㅚ	wo ㅝ	we ㅞ	wi ㅟ	ui ㅢ
g/k ㄱ																					
n ㄴ																					
d/t ㄷ																					
r/l ㄹ																					
m ㅁ																					
b/p ㅂ																					
s ㅅ																					
/ng ㅇ																					
j ㅈ																					
ch ㅊ																					
k ㅋ																					
t ㅌ																					
p ㅍ																					
h ㅎ																					
kk ㄲ																					
tt ㄸ																					
pp ㅃ																					
ss ㅆ																					
jj ㅉ																					

자음   모음

ㄹ ㅒ = 럐

r yae   ryae

쓰기연습

로마자 표기법

	a ㅏ	ya ㅑ	eo ㅓ	yeo ㅕ	o ㅗ	yo ㅛ	u ㅜ	yu ㅠ	eu ㅡ	i ㅣ	ae ㅐ	yae ㅒ	e ㅔ	ye ㅖ	wa ㅘ	wae ㅙ	oe ㅚ	wo ㅝ	we ㅞ	wi ㅟ	ui ㅢ
g/k ㄱ																					
n ㄴ																					
d/t ㄷ																						
r/l ㄹ																					
m ㅁ																					
b/p ㅂ																					
s ㅅ																					
/ng ㅇ																					
j ㅈ																					
ch ㅊ																					
k ㅋ																					
t ㅌ																					
p ㅍ																					
h ㅎ																					
kk ㄲ																					
tt ㄸ																					
pp ㅃ																					
ss ㅆ																					
jj ㅉ																					

자음   모음

ㅁ ㅒ = 먜

m yae   myae

쓰기연습

로마자 표기법

	a ㅏ	ya ㅑ	eo ㅓ	yeo ㅕ	o ㅗ	yo ㅛ	u ㅜ	yu ㅠ	eu ㅡ	i ㅣ	ae ㅐ	(yae) ㅒ	e ㅔ	ye ㅖ	wa ㅘ	wae ㅙ	oe ㅚ	wo ㅝ	we ㅞ	wi ㅟ	ui ㅢ
g/k ㄱ																					
n ㄴ																					
d/t ㄷ																					
r/l ㄹ																					
m ㅁ																					
(b/p) ㅂ																					
s ㅅ																					
/ng ㅇ																					
j ㅈ																					
ch ㅊ																					
k ㅋ																					
t ㅌ																					
p ㅍ																					
h ㅎ																					
kk ㄲ																					
tt ㄸ																					
pp ㅃ																					
ss ㅆ																					
jj ㅉ																					

자음　모음

ㅂ ㅒ = 뱨
b　yae　byae

쓰기연습

로마자 표기법

	a ㅏ	ya ㅑ	eo ㅓ	yeo ㅕ	o ㅗ	yo ㅛ	u ㅜ	yu ㅠ	eu ㅡ	i ㅣ	ae ㅐ	(yae) ㅒ	e ㅔ	ye ㅖ	wa ㅘ	wae ㅙ	oe ㅚ	wo ㅝ	we ㅞ	wi ㅟ	ui ㅢ
g/k ㄱ																					
n ㄴ																					
d/t ㄷ																					
r/l ㄹ																					
m ㅁ																					
b/p ㅂ																					
(s) ㅅ																					
/ng ㅇ																					
j ㅈ																					
ch ㅊ																					
k ㅋ																					
t ㅌ																					
p ㅍ																					
h ㅎ																					
kk ㄲ																					
tt ㄸ																					
pp ㅃ																					
ss ㅆ																					
jj ㅉ																					

자음　모음

ㅅ ㅒ = 섀
s　yae　syae

쓰기연습

로마자 표기법

	a ㅏ	ya ㅑ	eo ㅓ	yeo ㅕ	o ㅗ	yo ㅛ	u ㅜ	yu ㅠ	eu ㅡ	i ㅣ	ae ㅐ	yae ㅒ	e ㅔ	ye ㅖ	wa ㅘ	wae ㅙ	oe ㅚ	wo ㅝ	we ㅞ	wi ㅟ	ui ㅢ
g/k ㄱ																					
n ㄴ																					
d/t ㄷ																					
r/l ㄹ																					
m ㅁ																					
b/p ㅂ																					
s ㅅ																					
/ng ㅇ																					
j ㅈ																					
ch ㅊ																					
k ㅋ																					
t ㅌ																					
p ㅍ																					
h ㅎ																					
kk ㄲ																					
tt ㄸ																					
pp ㅃ																					
ss ㅆ																					
jj ㅉ																					

자음　　모음

얘　ㅇ = 앵

yae　ng　yaeng

쓰기연습

로마자 표기법

자음　　모음

ㅈ　ㅒ = 쟤

j　yae　jyae

쓰기연습

로마자 표기법

ㅊ + ㅒ = 챼

ch + yae = chyae

쓰기연습

로마자 표기법

ㅋ + ㅒ = 컈

k + yae = kyae

쓰기연습

로마자 표기법

	a ㅏ	ya ㅑ	eo ㅓ	yeo ㅕ	o ㅗ	yo ㅛ	u ㅜ	yu ㅠ	eu ㅡ	i ㅣ	ae ㅐ	(yae ㅒ)	e ㅔ	ye ㅖ	wa ㅘ	wae ㅙ	oe ㅚ	wo ㅝ	we ㅞ	wi ㅟ	ui ㅢ
g/k ㄱ																					
n ㄴ																					
d/t ㄷ																					
r/l ㄹ																					
m ㅁ																					
b/p ㅂ																					
s ㅅ																					
/ng ㅇ																					
j ㅈ																					
ch ㅊ																					
k ㅋ																					
(t ㅌ)																					
p ㅍ																					
h ㅎ																					
kk ㄲ																					
tt ㄸ																					
pp ㅃ																					
ss ㅆ																					
jj ㅉ																					

자음   모음

ㅌ ㅒ = 턔
t   yae   tyae

쓰기연습

로마자 표기법

자음   모음

ㅍ ㅒ = 퍠
p   yae   pyae

쓰기연습

로마자 표기법

	a ㅏ	ya ㅑ	eo ㅓ	yeo ㅕ	o ㅗ	yo ㅛ	u ㅜ	yu ㅠ	eu ㅡ	i ㅣ	ae ㅐ	yae ㅒ	e ㅔ	ye ㅖ	wa ㅘ	wae ㅙ	oe ㅚ	wo ㅝ	we ㅞ	wi ㅟ	ui ㅢ
g/k ㄱ																					
n ㄴ																					
d/t ㄷ																					
r/l ㄹ																					
m ㅁ																					
b/p ㅂ																					
s ㅅ																					
/ng ㅇ																					
j ㅈ																					
ch ㅊ																					
k ㅋ																					
t ㅌ																					
p ㅍ																					
(h) ㅎ																					
kk ㄲ																					
tt ㄸ																					
pp ㅃ																					
ss ㅆ																					
jj ㅉ																					

자음   모음

ㅎ ㅒ = 해

h   yae   hyae

쓰기연습

로마자 표기법

	a ㅏ	ya ㅑ	eo ㅓ	yeo ㅕ	o ㅗ	yo ㅛ	u ㅜ	yu ㅠ	eu ㅡ	i ㅣ	ae ㅐ	yae ㅒ	e ㅔ	ye ㅖ	wa ㅘ	wae ㅙ	oe ㅚ	wo ㅝ	we ㅞ	wi ㅟ	ui ㅢ
g/k ㄱ																					
n ㄴ																					
d/t ㄷ																					
r/l ㄹ																					
m ㅁ																					
b/p ㅂ																					
s ㅅ																					
/ng ㅇ																					
j ㅈ																					
ch ㅊ																					
k ㅋ																					
t ㅌ																					
p ㅍ																					
h ㅎ																					
(kk) ㄲ																					
tt ㄸ																					
pp ㅃ																					
ss ㅆ																					
jj ㅉ																					

자음   모음

ㄲ ㅒ = ㄲㅒ

kk   yae   kkyae

쓰기연습

로마자 표기법

	a ㅏ	ya ㅑ	eo ㅓ	yeo ㅕ	o ㅗ	yo ㅛ	u ㅜ	yu ㅠ	eu ㅡ	i ㅣ	ae ㅐ	yae ㅒ	e ㅔ	ye ㅖ	wa ㅘ	wae ㅙ	oe ㅚ	wo ㅝ	we ㅞ	wi ㅟ	ui ㅢ

g/k ㄱ, n ㄴ, d/t ㄷ, r/l ㄹ, m ㅁ, b/p ㅂ, s ㅅ, /ng ㅇ, j ㅈ, ch ㅊ, k ㅋ, t ㅌ, p ㅍ, h ㅎ, kk ㄲ, tt ㄸ, pp ㅃ, ss ㅆ, jj ㅉ

자음 모음

ㄸ ㅒ = 땨

tt yae = ttyae

쓰기연습

로마자 표기법

	a ㅏ	ya ㅑ	eo ㅓ	yeo ㅕ	o ㅗ	yo ㅛ	u ㅜ	yu ㅠ	eu ㅡ	i ㅣ	ae ㅐ	yae ㅒ	e ㅔ	ye ㅖ	wa ㅘ	wae ㅙ	oe ㅚ	wo ㅝ	we ㅞ	wi ㅟ	ui ㅢ
g/k ㄱ																					
n ㄴ																					
d/t ㄷ																					
r/l ㄹ																					
m ㅁ																					
b/p ㅂ																					
s ㅅ																					
/ng ㅇ																					
j ㅈ																					
ch ㅊ																					
k ㅋ																					
t ㅌ																					
p ㅍ																					
h ㅎ																					
kk ㄲ																					
tt ㄸ																					
pp ㅃ																					
ss ㅆ																					
jj ㅉ																					

자음 모음

ㅃ ㅒ = 뺘

pp yae = ppyae

쓰기연습

로마자 표기법

	a ㅏ	ya ㅑ	eo ㅓ	yeo ㅕ	o ㅗ	yo ㅛ	u ㅜ	yu ㅠ	eu ㅡ	i ㅣ	ae ㅐ	yae ㅒ	e ㅔ	ye ㅖ	wa ㅘ	wae ㅙ	oe ㅚ	wo ㅝ	we ㅞ	wi ㅟ	ui ㅢ
g/k ㄱ																					
n ㄴ																					
d/t ㄷ																					
r/l ㄹ																					
m ㅁ																					
b/p ㅂ																					
s ㅅ																					
/ng ㅇ																					
j ㅈ																					
ch ㅊ																					
k ㅋ																					
t ㅌ																					
p ㅍ																					
h ㅎ																					
kk ㄲ																					
tt ㄸ																					
pp ㅃ																					
ss ㅆ																					
jj ㅉ																					

자음　　모음

ㅆ　ㅒ　＝　쌔

ss　yae　ssyae

쓰기연습

로마자 표기법

	a ㅏ	ya ㅑ	eo ㅓ	yeo ㅕ	o ㅗ	yo ㅛ	u ㅜ	yu ㅠ	eu ㅡ	i ㅣ	ae ㅐ	yae ㅒ	e ㅔ	ye ㅖ	wa ㅘ	wae ㅙ	oe ㅚ	wo ㅝ	we ㅞ	wi ㅟ	ui ㅢ
g/k ㄱ																					
n ㄴ																					
d/t ㄷ																					
r/l ㄹ																					
m ㅁ																					
b/p ㅂ																					
s ㅅ																					
/ng ㅇ																					
j ㅈ																					
ch ㅊ																					
k ㅋ																					
t ㅌ																					
p ㅍ																					
h ㅎ																					
kk ㄲ																					
tt ㄸ																					
pp ㅃ																					
ss ㅆ																					
jj ㅉ																					

자음　　모음

ㅉ　ㅒ　＝　쨰

jj　yae　jjyae

쓰기연습

로마자 표기법

	a ㅏ	ya ㅑ	eo ㅓ	yeo ㅕ	o ㅗ	yo ㅛ	u ㅜ	yu ㅠ	eu ㅡ	i ㅣ	ae ㅐ	yae ㅒ	(e) ㅔ	ye ㅖ	wa ㅘ	wae ㅙ	oe ㅚ	wo ㅝ	we ㅞ	wi ㅟ	ui ㅢ
(g/k) ㄱ																					
n ㄴ																					
d/t ㄷ																					
r/l ㄹ																					
m ㅁ																					
b/p ㅂ																					
s ㅅ																					
/ng ㅇ																					
j ㅈ																					
ch ㅊ																					
k ㅋ																					
t ㅌ																					
p ㅍ																					
h ㅎ																					
kk ㄲ																					
tt ㄸ																					
pp ㅃ																					
ss ㅆ																					
jj ㅉ																					

자음　　　모음

ㄱ　　ㅔ　=　게
g　　　e　　　ge

쓰기연습

로마자 표기법

	a ㅏ	ya ㅑ	eo ㅓ	yeo ㅕ	o ㅗ	yo ㅛ	u ㅜ	yu ㅠ	eu ㅡ	i ㅣ	ae ㅐ	yae ㅒ	(e) ㅔ	ye ㅖ	wa ㅘ	wae ㅙ	oe ㅚ	wo ㅝ	we ㅞ	wi ㅟ	ui ㅢ
g/k ㄱ																					
(n) ㄴ																					
d/t ㄷ																						
r/l ㄹ																						
m ㅁ																						
b/p ㅂ																						
s ㅅ																						
/ng ㅇ																						
j ㅈ																						
ch ㅊ																						
k ㅋ																						
t ㅌ																						
p ㅍ																						
h ㅎ																						
kk ㄲ																						
tt ㄸ																						
pp ㅃ																						
ss ㅆ																						
jj ㅉ																						

자음　　　모음

ㄴ　　ㅔ　=　네
n　　　e　　　ne

쓰기연습

로마자 표기법

	a ㅏ	ya ㅑ	eo ㅓ	yeo ㅕ	o ㅗ	yo ㅛ	u ㅜ	yu ㅠ	eu ㅡ	i ㅣ	ae ㅐ	yae ㅒ	(e) ㅔ	ye ㅖ	wa ㅘ	wae ㅙ	oe ㅚ	wo ㅝ	we ㅞ	wi ㅟ	ui ㅢ
g/k ㄱ																					
n ㄴ																					
(d/t) ㄷ																					
r/l ㄹ																					
m ㅁ																					
b/p ㅂ																					
s ㅅ																					
/ng ㅇ																					
j ㅈ																					
ch ㅊ																					
k ㅋ																					
t ㅌ																					
p ㅍ																					
h ㅎ																					
kk ㄲ																					
tt ㄸ																					
pp ㅃ																					
ss ㅆ																					
jj ㅉ																					

자음   모음
ㄷ ㅔ = 데
d   e   de

쓰기연습

로마자 표기법

	a ㅏ	ya ㅑ	eo ㅓ	yeo ㅕ	o ㅗ	yo ㅛ	u ㅜ	yu ㅠ	eu ㅡ	i ㅣ	ae ㅐ	yae ㅒ	(e) ㅔ	ye ㅖ	wa ㅘ	wae ㅙ	oe ㅚ	wo ㅝ	we ㅞ	wi ㅟ	ui ㅢ
g/k ㄱ																					
n ㄴ																					
d/t ㄷ																						
(r/l) ㄹ																					
m ㅁ																					
b/p ㅂ																						
s ㅅ																					
/ng ㅇ																					
j ㅈ																					
ch ㅊ																					
k ㅋ																					
t ㅌ																					
p ㅍ																					
h ㅎ																					
kk ㄲ																					
tt ㄸ																					
pp ㅃ																					
ss ㅆ																					
jj ㅉ																					

자음   모음
ㄹ ㅔ = 레
r   e   re

쓰기연습

로마자 표기법

	a ㅏ	ya ㅑ	eo ㅓ	yeo ㅕ	o ㅗ	yo ㅛ	u ㅜ	yu ㅠ	eu ㅡ	i ㅣ	ae ㅐ	yae ㅒ	e ㅔ	ye ㅖ	wa ㅘ	wae ㅙ	oe ㅚ	wo ㅝ	we ㅞ	wi ㅟ	ui ㅢ

g/k ㄱ
n ㄴ
d/t ㄷ
r/l ㄹ
m ㅁ
b/p ㅂ
s ㅅ
/ng ㅇ
j ㅈ
ch ㅊ
k ㅋ
t ㅌ
p ㅍ
h ㅎ
kk ㄲ
tt ㄸ
pp ㅃ
ss ㅆ
jj ㅉ

자음   모음

ㅅ ㅔ = 세
s   e   se

쓰기연습

로마자 표기법

자음   모음

에 ㅇ = 엥
e   ng   eng

쓰기연습

로마자 표기법

| | a ㅏ | ya ㅑ | eo ㅓ | yeo ㅕ | o ㅗ | yo ㅛ | u ㅜ | yu ㅠ | eu ㅡ | i ㅣ | ae ㅐ | yae ㅒ | e ㅔ | ye ㅖ | wa ㅘ | wae ㅙ | oe ㅚ | wo ㅝ | we ㅞ | wi ㅟ | ui ㅢ |

| g/k ㄱ |
| n ㄴ |
| d/t ㄷ |
| r/l ㄹ |
| m ㅁ |
| b/p ㅂ |
| s ㅅ |
| /ng ㅇ |
| j ㅈ |
| ch ㅊ |
| k ㅋ |
| t ㅌ |
| p ㅍ |
| h ㅎ |
| kk ㄲ |
| tt ㄸ |
| pp ㅃ |
| ss ㅆ |
| jj ㅉ |

자음   모음

ㅈ ㅔ = 제
j   e   je

쓰기연습

로마자 표기법

자음   모음

ㅊ ㅔ = 체
ch   e   che

쓰기연습

로마자 표기법

	a ㅏ	ya ㅑ	eo ㅓ	yeo ㅕ	o ㅗ	yo ㅛ	u ㅜ	yu ㅠ	eu ㅡ	i ㅣ	ae ㅐ	yae ㅒ	(e) ㅔ	ye ㅖ	wa ㅘ	wae ㅙ	oe ㅚ	wo ㅝ	we ㅞ	wi ㅟ	ui ㅢ
g/k ㄱ																					
n ㄴ																					
d/t ㄷ																					
r/l ㄹ																					
m ㅁ																					
b/p ㅂ																					
s ㅅ																					
/ng ㅇ																					
j ㅈ																					
ch ㅊ																					
(k) ㅋ																					
t ㅌ																					
p ㅍ																					
h ㅎ																					
kk ㄲ																					
tt ㄸ																					
pp ㅃ																					
ss ㅆ																					
jj ㅉ																					

자음 모음

ㅋ ㅔ = 케
k e = ke

쓰기연습

로마자 표기법

	a ㅏ	ya ㅑ	eo ㅓ	yeo ㅕ	o ㅗ	yo ㅛ	u ㅜ	yu ㅠ	eu ㅡ	i ㅣ	ae ㅐ	yae ㅒ	(e) ㅔ	ye ㅖ	wa ㅘ	wae ㅙ	oe ㅚ	wo ㅝ	we ㅞ	wi ㅟ	ui ㅢ
g/k ㄱ																					
n ㄴ																					
d/t ㄷ																					
r/l ㄹ																					
m ㅁ																					
b/p ㅂ																					
s ㅅ																					
/ng ㅇ																					
j ㅈ																					
ch ㅊ																					
k ㅋ																					
(t) ㅌ																					
p ㅍ																					
h ㅎ																					
kk ㄲ																					
tt ㄸ																					
pp ㅃ																					
ss ㅆ																					
jj ㅉ																					

자음 모음

ㅌ ㅔ = 테
t e = te

쓰기연습

로마자 표기법

	a ㅏ	ya ㅑ	eo ㅓ	yeo ㅕ	o ㅗ	yo ㅛ	u ㅜ	yu ㅠ	eu ㅡ	i ㅣ	ae ㅐ	yae ㅒ	e ㅔ	ye ㅖ	wa ㅘ	wae ㅙ	oe ㅚ	wo ㅝ	we ㅞ	wi ㅟ	ui ㅢ
g/k ㄱ																					
n ㄴ																					
d/t ㄷ																					
r/l ㄹ																					
m ㅁ																					
b/p ㅂ																					
s ㅅ																					
/ng ㅇ																					
j ㅈ																					
ch ㅊ																					
k ㅋ																					
t ㅌ																					
p ㅍ																					
h ㅎ																					
kk ㄲ																					
tt ㄸ																					
pp ㅃ																					
ss ㅆ																					
jj ㅉ																					

자음　모음

ㅍ　ㅔ　=　페
p　e　　　pe

쓰기연습

로마자 표기법

자음　모음

ㅎ　ㅔ　=　헤
h　e　　　he

쓰기연습

로마자 표기법

	a ㅏ	ya ㅑ	eo ㅓ	yeo ㅕ	o ㅗ	yo ㅛ	u ㅜ	yu ㅠ	eu ㅡ	i ㅣ	ae ㅐ	yae ㅒ	(e) ㅔ	ye ㅖ	wa ㅘ	wae ㅙ	oe ㅚ	wo ㅝ	we ㅞ	wi ㅟ	ui ㅢ
g/k ㄱ																					
n ㄴ																					
d/t ㄷ																					
r/l ㄹ																					
m ㅁ																					
b/p ㅂ																					
s ㅅ																					
/ng ㅇ																					
j ㅈ																					
ch ㅊ																					
k ㅋ																					
t ㅌ																					
p ㅍ																					
h ㅎ																					
(kk) ㄲ																					
tt ㄸ																					
pp ㅃ																					
ss ㅆ																					
jj ㅉ																					

자음　　모음

ㄲ　ㅔ　=　께
kk　e　　kke

쓰기연습

로마자 표기법

	a ㅏ	ya ㅑ	eo ㅓ	yeo ㅕ	o ㅗ	yo ㅛ	u ㅜ	yu ㅠ	eu ㅡ	i ㅣ	ae ㅐ	yae ㅒ	(e) ㅔ	ye ㅖ	wa ㅘ	wae ㅙ	oe ㅚ	wo ㅝ	we ㅞ	wi ㅟ	ui ㅢ
g/k ㄱ																					
n ㄴ																					
d/t ㄷ																						
r/l ㄹ																						
m ㅁ																						
b/p ㅂ																						
s ㅅ																						
/ng ㅇ																						
j ㅈ																						
ch ㅊ																						
k ㅋ																						
t ㅌ																						
p ㅍ																						
h ㅎ																						
kk ㄲ																						
(tt) ㄸ																						
pp ㅃ																						
ss ㅆ																						
jj ㅉ																						

자음　　모음

ㄸ　ㅔ　=　떼
tt　e　　tte

쓰기연습

로마자 표기법

	a ㅏ	ya ㅑ	eo ㅓ	yeo ㅕ	o ㅗ	yo ㅛ	u ㅜ	yu ㅠ	eu ㅡ	i ㅣ	ae ㅐ	yae ㅒ	(e) ㅔ	ye ㅖ	wa ㅘ	wae ㅙ	oe ㅚ	wo ㅝ	we ㅞ	wi ㅟ	ui ㅢ
g/k ㄱ																					
n ㄴ																					
d/t ㄷ																					
r/l ㄹ																					
m ㅁ																					
b/p ㅂ																					
s ㅅ																					
/ng ㅇ																					
j ㅈ																					
ch ㅊ																					
k ㅋ																					
t ㅌ																					
p ㅍ																					
h ㅎ																					
kk ㄲ																					
tt ㄸ																					
(pp) ㅃ																					
ss ㅆ																					
jj ㅉ																					

자음　모음

ㅃ　ㅔ ＝ 뻬

pp　e　ppe

쓰기연습

로마자 표기법

	a ㅏ	ya ㅑ	eo ㅓ	yeo ㅕ	o ㅗ	yo ㅛ	u ㅜ	yu ㅠ	eu ㅡ	i ㅣ	ae ㅐ	yae ㅒ	(e) ㅔ	ye ㅖ	wa ㅘ	wae ㅙ	oe ㅚ	wo ㅝ	we ㅞ	wi ㅟ	ui ㅢ
g/k ㄱ																					
n ㄴ																					
d/t ㄷ																					
r/l ㄹ																					
m ㅁ																					
b/p ㅂ																					
s ㅅ																					
/ng ㅇ																					
j ㅈ																					
ch ㅊ																					
k ㅋ																					
t ㅌ																					
p ㅍ																					
h ㅎ																					
kk ㄲ																					
tt ㄸ																					
pp ㅃ																					
(ss) ㅆ																					
jj ㅉ																					

자음　모음

ㅆ　ㅔ ＝ 쎄

ss　e　sse

쓰기연습

로마자 표기법

	a ㅏ	ya ㅑ	eo ㅓ	yeo ㅕ	o ㅗ	yo ㅛ	u ㅜ	yu ㅠ	eu ㅡ	i ㅣ	ae ㅐ	yae ㅒ	(e) ㅔ	ye ㅖ	wa ㅘ	wae ㅙ	oe ㅚ	wo ㅝ	we ㅞ	wi ㅟ	ui ㅢ
g/k ㄱ																					
n ㄴ																					
d/t ㄷ																					
r/l ㄹ																					
m ㅁ																					
b/p ㅂ																					
s ㅅ																					
/ng ㅇ																					
j ㅈ																					
ch ㅊ																					
k ㅋ																					
t ㅌ																					
p ㅍ																					
h ㅎ																					
kk ㄲ																					
tt ㄸ																					
pp ㅃ																					
ss ㅆ																					
(jj) ㅉ																					

자음　모음

ㅉ ㅔ = 쩨
jj　e　jje

쓰기연습

로마자 표기법

	a ㅏ	ya ㅑ	eo ㅓ	yeo ㅕ	o ㅗ	yo ㅛ	u ㅜ	yu ㅠ	eu ㅡ	i ㅣ	ae ㅐ	yae ㅒ	e ㅔ	(ye) ㅖ	wa ㅘ	wae ㅙ	oe ㅚ	wo ㅝ	we ㅞ	wi ㅟ	ui ㅢ
(g/k) ㄱ																					
n ㄴ																					
d/t ㄷ																					
r/l ㄹ																					
m ㅁ																					
b/p ㅂ																					
s ㅅ																					
/ng ㅇ																					
j ㅈ																					
ch ㅊ																					
k ㅋ																					
t ㅌ																					
p ㅍ																					
h ㅎ																					
kk ㄲ																					
tt ㄸ																					
pp ㅃ																					
ss ㅆ																					
jj ㅉ																					

자음　모음

ㄱ ㅖ = 계
g　ye　gye

쓰기연습

로마자 표기법

	a ㅏ	ya ㅑ	eo ㅓ	yeo ㅕ	o ㅗ	yo ㅛ	u ㅜ	yu ㅠ	eu ㅡ	i ㅣ	ae ㅐ	yae ㅒ	e ㅔ	ye ㅖ	wa ㅘ	wae ㅙ	oe ㅚ	wo ㅝ	we ㅞ	wi ㅟ	ui ㅢ
g/k ㄱ																					
n ㄴ																					
d/t ㄷ																					
r/l ㄹ																					
m ㅁ																					
b/p ㅂ																					
s ㅅ																					
/ng ㅇ																					
j ㅈ																					
ch ㅊ																					
k ㅋ																					
t ㅌ																					
p ㅍ																					
h ㅎ																					
kk ㄲ																					
tt ㄸ																					
pp ㅃ																					
ss ㅆ																					
jj ㅉ																					

자음 　 모음

ㄴ ㅖ = 녜

n　ye　nye

쓰기연습

로마자 표기법

(same table structure, with **d/t ㄷ** circled)

자음 　 모음

ㄷ ㅖ = 뎨

d　ye　dye

쓰기연습

로마자 표기법

| | a ㅏ | ya ㅑ | eo ㅓ | yeo ㅕ | o ㅗ | yo ㅛ | u ㅜ | yu ㅠ | eu ㅡ | i ㅣ | ae ㅐ | yae ㅒ | e ㅔ | (ye) ㅖ | wa ㅘ | wae ㅙ | oe ㅚ | wo ㅝ | we ㅞ | wi ㅟ | ui ㅢ |

g/k ㄱ
n ㄴ
d/t ㄷ
(r/l) ㄹ
m ㅁ
b/p ㅂ
s ㅅ
/ng ㅇ
j ㅈ
ch ㅊ
k ㅋ
t ㅌ
p ㅍ
h ㅎ
kk ㄲ
tt ㄸ
pp ㅃ
ss ㅆ
jj ㅉ

자음 모음

ㄹ ㅖ = 례
r ye   rye

쓰기연습

로마자 표기법

| | a ㅏ | ya ㅑ | eo ㅓ | yeo ㅕ | o ㅗ | yo ㅛ | u ㅜ | yu ㅠ | eu ㅡ | i ㅣ | ae ㅐ | yae ㅒ | e ㅔ | (ye) ㅖ | wa ㅘ | wae ㅙ | oe ㅚ | wo ㅝ | we ㅞ | wi ㅟ | ui ㅢ |

g/k ㄱ
n ㄴ
d/t ㄷ
r/l ㄹ
(m) ㅁ
b/p ㅂ
s ㅅ
/ng ㅇ
j ㅈ
ch ㅊ
k ㅋ
t ㅌ
p ㅍ
h ㅎ
kk ㄲ
tt ㄸ
pp ㅃ
ss ㅆ
jj ㅉ

자음 모음

ㅁ ㅖ = 몌
m ye   mye

쓰기연습

로마자 표기법

| | a ㅏ | ya ㅑ | eo ㅓ | yeo ㅕ | o ㅗ | yo ㅛ | u ㅜ | yu ㅠ | eu ㅡ | i ㅣ | ae ㅐ | yae ㅒ | e ㅔ | (ye) ㅖ | wa ㅘ | wae ㅙ | oe ㅚ | wo ㅝ | we ㅞ | wi ㅟ | ui ㅢ |

g/k ㄱ
n ㄴ
d/t ㄷ
r/l ㄹ
m ㅁ
(b/p) ㅂ/ㅍ
s ㅅ
/ng ㅇ
j ㅈ
ch ㅊ
k ㅋ
t ㅌ
p ㅍ
h ㅎ
kk ㄲ
tt ㄸ
pp ㅃ
ss ㅆ
jj ㅉ

자음   모음

ㅂ ㅖ = 볘
b ye = bye

쓰기연습

로마자 표기법

| | a ㅏ | ya ㅑ | eo ㅓ | yeo ㅕ | o ㅗ | yo ㅛ | u ㅜ | yu ㅠ | eu ㅡ | i ㅣ | ae ㅐ | yae ㅒ | e ㅔ | (ye) ㅖ | wa ㅘ | wae ㅙ | oe ㅚ | wo ㅝ | we ㅞ | wi ㅟ | ui ㅢ |

g/k ㄱ
n ㄴ
d/t ㄷ
r/l ㄹ
m ㅁ
b/p ㅂ/ㅍ
(s) ㅅ
/ng ㅇ
j ㅈ
ch ㅊ
k ㅋ
t ㅌ
p ㅍ
h ㅎ
kk ㄲ
tt ㄸ
pp ㅃ
ss ㅆ
jj ㅉ

자음   모음

ㅅ ㅖ = 셰
s ye = sye

쓰기연습

로마자 쓰기연습

로마자 표기법

	a ㅏ	ya ㅑ	eo ㅓ	yeo ㅕ	o ㅗ	yo ㅛ	u ㅜ	yu ㅠ	eu ㅡ	i ㅣ	ae ㅐ	yae ㅒ	e ㅔ	(ye) ㅖ	wa ㅘ	wae ㅙ	oe ㅚ	wo ㅝ	we ㅞ	wi ㅟ	ui ㅢ
g/k ㄱ																					
n ㄴ																					
d/t ㄷ																					
r/l ㄹ																					
m ㅁ																					
b/p ㅂ																					
s ㅅ																					
(/ng) ㅇ																					
j ㅈ																					
ch ㅊ																					
k ㅋ																					
t ㅌ																					
p ㅍ																					
h ㅎ																					
kk ㄲ																					
tt ㄸ																					
pp ㅃ																					
ss ㅆ																					
jj ㅉ																					

자음　　모음

예　ㅇ = 옝
ye　ng　yeng

쓰기연습

로마자 표기법

	a ㅏ	ya ㅑ	eo ㅓ	yeo ㅕ	o ㅗ	yo ㅛ	u ㅜ	yu ㅠ	eu ㅡ	i ㅣ	ae ㅐ	yae ㅒ	e ㅔ	(ye) ㅖ	wa ㅘ	wae ㅙ	oe ㅚ	wo ㅝ	we ㅞ	wi ㅟ	ui ㅢ
g/k ㄱ																					
n ㄴ																					
d/t ㄷ																						
r/l ㄹ																						
m ㅁ																						
b/p ㅂ																						
s ㅅ																						
/ng ㅇ																					
(j) ㅈ																					
ch ㅊ																					
k ㅋ																					
t ㅌ																					
p ㅍ																					
h ㅎ																					
kk ㄲ																					
tt ㄸ																					
pp ㅃ																					
ss ㅆ																					
jj ㅉ																					

자음　　모음

ㅈ　ㅖ = 졔
j　ye　jye

쓰기연습

로마자 표기법

ㅊ + ㅖ = 쳬
ch ye = chye

쓰기연습

로마자 표기법

ㅋ + ㅖ = 켸
k ye = kye

쓰기연습

로마자 표기법

	a ㅏ	ya ㅑ	eo ㅓ	yeo ㅕ	o ㅗ	yo ㅛ	u ㅜ	yu ㅠ	eu ㅡ	i ㅣ	ae ㅐ	yae ㅒ	e ㅔ	(ye) ㅖ	wa ㅘ	wae ㅙ	oe ㅚ	wo ㅝ	we ㅞ	wi ㅟ	ui ㅢ
g/k ㄱ																					
n ㄴ																					
d/t ㄷ																					
r/l ㄹ																					
m ㅁ																					
b/p ㅂ																					
s ㅅ																					
/ng ㅇ																					
j ㅈ																					
ch ㅊ																					
k ㅋ																					
(t) ㅌ																					
p ㅍ																					
h ㅎ																					
kk ㄲ																					
tt ㄸ																					
pp ㅃ																					
ss ㅆ																					
jj ㅉ																					

자음　　모음

ㅌ　ㅖ　=　톄
t　ye　　tye

쓰기연습

로마자 표기법

	a ㅏ	ya ㅑ	eo ㅓ	yeo ㅕ	o ㅗ	yo ㅛ	u ㅜ	yu ㅠ	eu ㅡ	i ㅣ	ae ㅐ	yae ㅒ	e ㅔ	(ye) ㅖ	wa ㅘ	wae ㅙ	oe ㅚ	wo ㅝ	we ㅞ	wi ㅟ	ui ㅢ
g/k ㄱ																					
n ㄴ																					
d/t ㄷ																					
r/l ㄹ																					
m ㅁ																					
b/p ㅂ																						
s ㅅ																					
/ng ㅇ																					
j ㅈ																					
ch ㅊ																					
k ㅋ																					
t ㅌ																					
(p) ㅍ																					
h ㅎ																					
kk ㄲ																					
tt ㄸ																					
pp ㅃ																					
ss ㅆ																					
jj ㅉ																					

자음　　모음

ㅍ　ㅖ　=　폐
p　ye　　pye

쓰기연습

로마자 표기법

ㅎ + ㅖ = 혜
h + ye = hye

쓰기연습

로마자 표기법

ㄲ + ㅖ = 꼐
kk + ye = kkye

쓰기연습

로마자 표기법

	a ㅏ	ya ㅑ	eo ㅓ	yeo ㅕ	o ㅗ	yo ㅛ	u ㅜ	yu ㅠ	eu ㅡ	i ㅣ	ae ㅐ	yae ㅒ	e ㅔ	(ye) ㅖ	wa ㅘ	wae ㅙ	oe ㅚ	wo ㅝ	we ㅞ	wi ㅟ	ui ㅢ
g/k ㄱ																					
n ㄴ																					
d/t ㄷ																					
r/l ㄹ																					
m ㅁ																					
b/p ㅂ																					
s ㅅ																					
/ng ㅇ																					
j ㅈ																					
ch ㅊ																					
k ㅋ																					
t ㅌ																					
p ㅍ																					
h ㅎ																					
kk ㄲ																					
(tt) ㄸ																					
pp ㅃ																					
ss ㅆ																					
jj ㅉ																					

자음   모음

ㄸ   ㅖ = 뗴

tt   **ye**   **ttye**

쓰기연습

로마자 표기법

	a ㅏ	ya ㅑ	eo ㅓ	yeo ㅕ	o ㅗ	yo ㅛ	u ㅜ	yu ㅠ	eu ㅡ	i ㅣ	ae ㅐ	yae ㅒ	e ㅔ	(ye) ㅖ	wa ㅘ	wae ㅙ	oe ㅚ	wo ㅝ	we ㅞ	wi ㅟ	ui ㅢ
g/k ㄱ																					
n ㄴ																					
d/t ㄷ																					
r/l ㄹ																					
m ㅁ																					
b/p ㅂ																					
s ㅅ																					
/ng ㅇ																					
j ㅈ																					
ch ㅊ																					
k ㅋ																					
t ㅌ																					
p ㅍ																					
h ㅎ																					
kk ㄲ																					
tt ㄸ																					
(pp) ㅃ																					
ss ㅆ																					
jj ㅉ																					

자음   모음

ㅃ   ㅖ = 뼤

pp   **ye**   **ppye**

쓰기연습

로마자 표기법

	a ㅏ	ya ㅑ	eo ㅓ	yeo ㅕ	o ㅗ	yo ㅛ	u ㅜ	yu ㅠ	eu ㅡ	i ㅣ	ae ㅐ	yae ㅒ	e ㅔ	ye ㅖ	wa ㅘ	wae ㅙ	oe ㅚ	wo ㅝ	we ㅞ	wi ㅟ	ui ㅢ
g/k ㄱ																					
n ㄴ																					
d/t ㄷ																					
r/l ㄹ																					
m ㅁ																					
b/p ㅂ																					
s ㅅ																					
/ng ㅇ																					
j ㅈ																					
ch ㅊ																					
k ㅋ																					
t ㅌ																					
p ㅍ																					
h ㅎ																					
kk ㄲ																					
tt ㄸ																					
pp ㅃ																					
ss ㅆ																					
jj ㅉ																					

자음   모음

ㅆ ㅖ = 쎼

ss ye   ssye

쓰기연습

로마자 표기법

	a ㅏ	ya ㅑ	eo ㅓ	yeo ㅕ	o ㅗ	yo ㅛ	u ㅜ	yu ㅠ	eu ㅡ	i ㅣ	ae ㅐ	yae ㅒ	e ㅔ	ye ㅖ	wa ㅘ	wae ㅙ	oe ㅚ	wo ㅝ	we ㅞ	wi ㅟ	ui ㅢ
g/k ㄱ																					
n ㄴ																					
d/t ㄷ																						
r/l ㄹ																						
m ㅁ																						
b/p ㅂ																						
s ㅅ																						
/ng ㅇ																						
j ㅈ																						
ch ㅊ																						
k ㅋ																						
t ㅌ																						
p ㅍ																						
h ㅎ																						
kk ㄲ																						
tt ㄸ																						
pp ㅃ																						
ss ㅆ																						
jj ㅉ																						

자음   모음

ㅉ ㅖ = 쪠

jj ye   jjye

쓰기연습

로마자 표기법

	a ㅏ	ya ㅑ	eo ㅓ	yeo ㅕ	o ㅗ	yo ㅛ	u ㅜ	yu ㅠ	eu ㅡ	i ㅣ	ae ㅐ	yae ㅒ	e ㅔ	ye ㅖ	wa ㅘ	wae ㅙ	oe ㅚ	wo ㅝ	we ㅞ	wi ㅟ	ui ㅢ
g/k ㄱ																					
n ㄴ																					
d/t ㄷ																					
r/l ㄹ																					
m ㅁ																					
b/p ㅂ																					
s ㅅ																					
/ng ㅇ																					
j ㅈ																					
ch ㅊ																					
k ㅋ																					
t ㅌ																					
p ㅍ																					
h ㅎ																					
kk ㄲ																					
tt ㄸ																					
pp ㅃ																					
ss ㅆ																					
jj ㅉ																					

자음　모음

ㄱ　ㅘ = 과

g　wa　gwa

쓰기연습

로마자 표기법

자음　모음

ㄴ　ㅘ = 놔

n　wa　nwa

쓰기연습

로마자 표기법

	a ㅏ	ya ㅑ	eo ㅓ	yeo ㅕ	o ㅗ	yo ㅛ	u ㅜ	yu ㅠ	eu ㅡ	i ㅣ	ae ㅐ	yae ㅒ	e ㅔ	ye ㅖ	wa ㅘ	wae ㅙ	oe ㅚ	wo ㅝ	we ㅞ	wi ㅟ	ui ㅢ
g/k ㄱ																					
n ㄴ																					
d/t ㄷ																					
r/l ㄹ																					
m ㅁ																					
b/p ㅂ																					
s ㅅ																					
/ng ㅇ																					
j ㅈ																					
ch ㅊ																					
k ㅋ																					
t ㅌ																					
p ㅍ																					
h ㅎ																					
kk ㄲ																					
tt ㄸ																					
pp ㅃ																					
ss ㅆ																					
jj ㅉ																					

자음 모음

ㄷ ㅘ = 돠

d wa dwa

쓰기연습

로마자 표기법

	a ㅏ	ya ㅑ	eo ㅓ	yeo ㅕ	o ㅗ	yo ㅛ	u ㅜ	yu ㅠ	eu ㅡ	i ㅣ	ae ㅐ	yae ㅒ	e ㅔ	ye ㅖ	wa ㅘ	wae ㅙ	oe ㅚ	wo ㅝ	we ㅞ	wi ㅟ	ui ㅢ
g/k ㄱ																					
n ㄴ																					
d/t ㄷ																					
r/l ㄹ																					
m ㅁ																					
b/p ㅂ																					
s ㅅ																					
/ng ㅇ																					
j ㅈ																					
ch ㅊ																					
k ㅋ																					
t ㅌ																					
p ㅍ																					
h ㅎ																					
kk ㄲ																					
tt ㄸ																					
pp ㅃ																					
ss ㅆ																					
jj ㅉ																					

자음 모음

ㄹ ㅘ = 롸

r wa rwa

쓰기연습

로마자 표기법

| | a ㅏ | ya ㅑ | eo ㅓ | yeo ㅕ | o ㅗ | yo ㅛ | u ㅜ | yu ㅠ | eu ㅡ | i ㅣ | ae ㅐ | yae ㅒ | e ㅔ | ye ㅖ | wa ㅘ | wae ㅙ | oe ㅚ | wo ㅝ | we ㅞ | wi ㅟ | ui ㅢ |

자음 　　모음

ㅁ ㅘ = 봐

m wa mwa

쓰기연습

로마자 표기법

| | a ㅏ | ya ㅑ | eo ㅓ | yeo ㅕ | o ㅗ | yo ㅛ | u ㅜ | yu ㅠ | eu ㅡ | i ㅣ | ae ㅐ | yae ㅒ | e ㅔ | ye ㅖ | wa ㅘ | wae ㅙ | oe ㅚ | wo ㅝ | we ㅞ | wi ㅟ | ui ㅢ |

자음 　　모음

ㅂ ㅘ = 봐

b wa bwa

쓰기연습

로마자 표기법

ㅅ + ㅘ = 솨
s   wa = swa

쓰기연습

로마자 표기법

와 + ㅇ = 왕
wa + ng = wang

쓰기연습

로마자 표기법

	a ㅏ	ya ㅑ	eo ㅓ	yeo ㅕ	o ㅗ	yo ㅛ	u ㅜ	yu ㅠ	eu ㅡ	i ㅣ	ae ㅐ	yae ㅒ	e ㅔ	ye ㅖ	wa ㅘ	wae ㅙ	oe ㅚ	wo ㅝ	we ㅞ	wi ㅟ	ui ㅢ
g/k ㄱ																					
n ㄴ																					
d/t ㄷ																					
r/l ㄹ																					
m ㅁ																					
b/p ㅂ																					
s ㅅ																					
/ng ㅇ																					
j ㅈ																					
ch ㅊ																					
k ㅋ																					
t ㅌ																					
p ㅍ																					
h ㅎ																					
kk ㄲ																					
tt ㄸ																					
pp ㅃ																					
ss ㅆ																					
jj ㅉ																					

자음   모음

ㅈ ㅘ = 좌
j   wa   jwa

쓰기연습

로마자 표기법

	a ㅏ	ya ㅑ	eo ㅓ	yeo ㅕ	o ㅗ	yo ㅛ	u ㅜ	yu ㅠ	eu ㅡ	i ㅣ	ae ㅐ	yae ㅒ	e ㅔ	ye ㅖ	wa ㅘ	wae ㅙ	oe ㅚ	wo ㅝ	we ㅞ	wi ㅟ	ui ㅢ
g/k ㄱ																					
n ㄴ																					
d/t ㄷ																						
r/l ㄹ																						
m ㅁ																					
b/p ㅂ																						
s ㅅ																					
/ng ㅇ																					
j ㅈ																					
ch ㅊ																					
k ㅋ																					
t ㅌ																					
p ㅍ																					
h ㅎ																					
kk ㄲ																					
tt ㄸ																					
pp ㅃ																					
ss ㅆ																					
jj ㅉ																					

자음   모음

ㅊ ㅘ = 촤
ch wa   chwa

쓰기연습

로마자 표기법

| | a ㅏ | ya ㅑ | eo ㅓ | yeo ㅕ | o ㅗ | yo ㅛ | u ㅜ | yu ㅠ | eu ㅡ | i ㅣ | ae ㅐ | yae ㅒ | e ㅔ | ye ㅖ | wa ㅘ | wae ㅙ | oe ㅚ | wo ㅝ | we ㅞ | wi ㅟ | ui ㅢ |

g/k ㄱ
n ㄴ
d/t ㄷ
r/l ㄹ
m ㅁ
b/p ㅂ
s ㅅ
/ng ㅇ
j ㅈ
ch ㅊ
k ㅋ
t ㅌ
p ㅍ
h ㅎ
kk ㄲ
tt ㄸ
pp ㅃ
ss ㅆ
jj ㅉ

자음   모음

ㅋ ㅘ = 콰
k   wa   kwa

쓰기연습

로마자 표기법

| | a ㅏ | ya ㅑ | eo ㅓ | yeo ㅕ | o ㅗ | yo ㅛ | u ㅜ | yu ㅠ | eu ㅡ | i ㅣ | ae ㅐ | yae ㅒ | e ㅔ | ye ㅖ | wa ㅘ | wae ㅙ | oe ㅚ | wo ㅝ | we ㅞ | wi ㅟ | ui ㅢ |

g/k ㄱ
n ㄴ
d/t ㄷ
r/l ㄹ
m ㅁ
b/p ㅂ
s ㅅ
/ng ㅇ
j ㅈ
ch ㅊ
k ㅋ
t ㅌ
p ㅍ
h ㅎ
kk ㄲ
tt ㄸ
pp ㅃ
ss ㅆ
jj ㅉ

자음   모음

ㅌ ㅘ = 톼
t   wa   twa

쓰기연습

로마자 표기법

	a ㅏ	ya ㅑ	eo ㅓ	yeo ㅕ	o ㅗ	yo ㅛ	u ㅜ	yu ㅠ	eu ㅡ	i ㅣ	ae ㅐ	yae ㅒ	e ㅔ	ye ㅖ	wa ㅘ	wae ㅙ	oe ㅚ	wo ㅝ	we ㅞ	wi ㅟ	ui ㅢ
g/k ㄱ																					
n ㄴ																					
d/t ㄷ																					
r/l ㄹ																					
m ㅁ																					
b/p ㅂ																					
s ㅅ																					
/ng ㅇ																					
j ㅈ																					
ch ㅊ																					
k ㅋ																					
t ㅌ																					
p ㅍ																					
h ㅎ																					
kk ㄲ																					
tt ㄸ																					
pp ㅃ																					
ss ㅆ																					
jj ㅉ																					

자음 모음

ㅍ ㅘ = 퐈

p wa pwa

쓰기연습

로마자 표기법

	a ㅏ	ya ㅑ	eo ㅓ	yeo ㅕ	o ㅗ	yo ㅛ	u ㅜ	yu ㅠ	eu ㅡ	i ㅣ	ae ㅐ	yae ㅒ	e ㅔ	ye ㅖ	wa ㅘ	wae ㅙ	oe ㅚ	wo ㅝ	we ㅞ	wi ㅟ	ui ㅢ
g/k ㄱ																					
n ㄴ																					
d/t ㄷ																					
r/l ㄹ																					
m ㅁ																					
b/p ㅂ																					
s ㅅ																					
/ng ㅇ																					
j ㅈ																					
ch ㅊ																					
k ㅋ																					
t ㅌ																					
p ㅍ																					
h ㅎ																					
kk ㄲ																					
tt ㄸ																					
pp ㅃ																					
ss ㅆ																					
jj ㅉ																					

자음 모음

ㅎ ㅘ = 화

h wa hwa

쓰기연습

로마자 표기법

	a ㅏ	ya ㅑ	eo ㅓ	yeo ㅕ	o ㅗ	yo ㅛ	u ㅜ	yu ㅠ	eu ㅡ	i ㅣ	ae ㅐ	yae ㅒ	e ㅔ	ye ㅖ	wa ㅘ	wae ㅙ	oe ㅚ	wo ㅝ	we ㅞ	wi ㅟ	ui ㅢ
g/k ㄱ																					
n ㄴ																					
d/t ㄷ																					
r/l ㄹ																					
m ㅁ																					
b/p ㅂ																					
s ㅅ																					
/ng ㅇ																					
j ㅈ																					
ch ㅊ																					
k ㅋ																					
t ㅌ																					
p ㅍ																					
h ㅎ																					
kk ㄲ																					
tt ㄸ																					
pp ㅃ																					
ss ㅆ																					
jj ㅉ																					

자음   모음

ㄲ ㅘ = 꽈
kk wa   kkwa

쓰기연습

로마자 표기법

자음   모음

ㄸ ㅘ = 똬
tt wa   ttwa

쓰기연습

로마자 표기법

	a ㅏ	ya ㅑ	eo ㅓ	yeo ㅕ	o ㅗ	yo ㅛ	u ㅜ	yu ㅠ	eu ㅡ	i ㅣ	ae ㅐ	yae ㅒ	e ㅔ	ye ㅖ	wa ㅘ	wae ㅙ	oe ㅚ	wo ㅝ	we ㅞ	wi ㅟ	ui ㅢ
g/k ㄱ																					
n ㄴ																					
d/t ㄷ																					
r/l ㄹ																					
m ㅁ																					
b/p ㅂ																					
s ㅅ																					
/ng ㅇ																					
j ㅈ																					
ch ㅊ																					
k ㅋ																					
t ㅌ																					
p ㅍ																					
h ㅎ																					
kk ㄲ																					
tt ㄸ																					
pp ㅃ																					
ss ㅆ																					
jj ㅉ																					

자음　　모음

뻐　ㅘ ＝ 뽜

ppwa　　ppwa

쓰기연습

로마자 표기법

	a ㅏ	ya ㅑ	eo ㅓ	yeo ㅕ	o ㅗ	yo ㅛ	u ㅜ	yu ㅠ	eu ㅡ	i ㅣ	ae ㅐ	yae ㅒ	e ㅔ	ye ㅖ	wa ㅘ	wae ㅙ	oe ㅚ	wo ㅝ	we ㅞ	wi ㅟ	ui ㅢ
g/k ㄱ																					
n ㄴ																					
d/t ㄷ																					
r/l ㄹ																					
m ㅁ																					
b/p ㅂ																					
s ㅅ																					
/ng ㅇ																					
j ㅈ																					
ch ㅊ																					
k ㅋ																					
t ㅌ																					
p ㅍ																					
h ㅎ																					
kk ㄲ																					
tt ㄸ																					
pp ㅃ																					
ss ㅆ																					
jj ㅉ																					

자음　　모음

쓰　ㅘ ＝ 쏴

sswa　　sswa

쓰기연습

로마자 표기법

	a ㅏ	ya ㅑ	eo ㅓ	yeo ㅕ	o ㅗ	yo ㅛ	u ㅜ	yu ㅠ	eu ㅡ	i ㅣ	ae ㅐ	yae ㅒ	e ㅔ	ye ㅖ	wa ㅘ	wae ㅙ	oe ㅚ	wo ㅝ	we ㅞ	wi ㅟ	ui ㅢ
g/k ㄱ																					
n ㄴ																					
d/t ㄷ																					
r/l ㄹ																					
m ㅁ																					
b/p ㅂ																					
s ㅅ																					
/ng ㅇ																					
j ㅈ																					
ch ㅊ																					
k ㅋ																					
t ㅌ																					
p ㅍ																					
h ㅎ																					
kk ㄲ																					
tt ㄸ																					
pp ㅃ																					
ss ㅆ																					
jj ㅉ																					

자음 모음

ㅉ ㅘ = 쫘
jj wa jjwa

쓰기연습

로마자 표기법

	a ㅏ	ya ㅑ	eo ㅓ	yeo ㅕ	o ㅗ	yo ㅛ	u ㅜ	yu ㅠ	eu ㅡ	i ㅣ	ae ㅐ	yae ㅒ	e ㅔ	ye ㅖ	wa ㅘ	wae ㅙ	oe ㅚ	wo ㅝ	we ㅞ	wi ㅟ	ui ㅢ
g/k ㄱ																					
n ㄴ																					
d/t ㄷ																						
r/l ㄹ																						
m ㅁ																						
b/p ㅂ																						
s ㅅ																						
/ng ㅇ																						
j ㅈ																						
ch ㅊ																						
k ㅋ																						
t ㅌ																						
p ㅍ																						
h ㅎ																						
kk ㄲ																						
tt ㄸ																						
pp ㅃ																						
ss ㅆ																						
jj ㅉ																						

자음 모음

ㄱ ㅙ = 괘
g wae gwae

쓰기연습

로마자 표기법

	a ㅏ	ya ㅑ	eo ㅓ	yeo ㅕ	o ㅗ	yo ㅛ	u ㅜ	yu ㅠ	eu ㅡ	i ㅣ	ae ㅐ	yae ㅒ	e ㅔ	ye ㅖ	wa ㅘ	wae ㅙ	oe ㅚ	wo ㅝ	we ㅞ	wi ㅟ	ui ㅢ
g/k ㄱ																					
n ㄴ																					
d/t ㄷ																					
r/l ㄹ																					
m ㅁ																					
b/p ㅂ																					
s ㅅ																					
/ng ㅇ																					
j ㅈ																					
ch ㅊ																					
k ㅋ																					
t ㅌ																					
p ㅍ																					
h ㅎ																					
kk ㄲ																					
tt ㄸ																					
pp ㅃ																					
ss ㅆ																					
jj ㅉ																					

자음　　모음

ㄴ　ㅙ = 놰

n　wae　nwae

쓰기연습

로마자 표기법

	a ㅏ	ya ㅑ	eo ㅓ	yeo ㅕ	o ㅗ	yo ㅛ	u ㅜ	yu ㅠ	eu ㅡ	i ㅣ	ae ㅐ	yae ㅒ	e ㅔ	ye ㅖ	wa ㅘ	wae ㅙ	oe ㅚ	wo ㅝ	we ㅞ	wi ㅟ	ui ㅢ
g/k ㄱ																					
n ㄴ																					
d/t ㄷ																					
r/l ㄹ																					
m ㅁ																					
b/p ㅂ																					
s ㅅ																					
/ng ㅇ																					
j ㅈ																					
ch ㅊ																					
k ㅋ																					
t ㅌ																					
p ㅍ																					
h ㅎ																					
kk ㄲ																					
tt ㄸ																					
pp ㅃ																					
ss ㅆ																					
jj ㅉ																					

자음　　모음

ㄷ　ㅙ = 돼

d　wae　dwae

쓰기연습

로마자 표기법

	a ㅏ	ya ㅑ	eo ㅓ	yeo ㅕ	o ㅗ	yo ㅛ	u ㅜ	yu ㅠ	eu ㅡ	i ㅣ	ae ㅐ	yae ㅒ	e ㅔ	ye ㅖ	wa ㅘ	wae ㅙ	oe ㅚ	wo ㅝ	we ㅞ	wi ㅟ	ui ㅢ
g/k ㄱ																					
n ㄴ																					
d/t ㄷ																					
r/l ㄹ																					
m ㅁ																					
b/p ㅂ																					
s ㅅ																					
/ng ㅇ																					
j ㅈ																					
ch ㅊ																					
k ㅋ																					
t ㅌ																					
p ㅍ																					
h ㅎ																					
kk ㄲ																					
tt ㄸ																					
pp ㅃ																					
ss ㅆ																					
jj ㅉ																					

자음   모음

ㄹ ㅙ = 래
r   wae   rwae

쓰기연습

로마자 표기법

자음   모음

ㅁ ㅙ = 뫠
m   wae   mwae

쓰기연습

로마자 표기법

| | a ㅏ | ya ㅑ | eo ㅓ | yeo ㅕ | o ㅗ | yo ㅛ | u ㅜ | yu ㅠ | eu ㅡ | i ㅣ | ae ㅐ | yae ㅒ | e ㅔ | ye ㅖ | wa ㅘ | wae ㅙ | oe ㅚ | wo ㅝ | we ㅞ | wi ㅟ | ui ㅢ |

자음 ㅇ + 모음 ㅐ = 왱

왜 ㅇ = 왱
wae ng waeng

쓰기연습

로마자 표기법

자음 ㅈ + 모음 ㅙ = 좨

ㅈ ㅙ = 좨
j wae jwae

쓰기연습

로마자 표기법

자음 + 모음

ㅊ + ㅙ = 촤
chwae

쓰기연습

로마자 표기법

자음 + 모음

ㅋ + ㅙ = 쾌
k wae = kwae

쓰기연습

로마자 표기법

	a ㅏ	ya ㅑ	eo ㅓ	yeo ㅕ	o ㅗ	yo ㅛ	u ㅜ	yu ㅠ	eu ㅡ	i ㅣ	ae ㅐ	yae ㅒ	e ㅔ	ye ㅖ	wa ㅘ	**wae ㅙ**	oe ㅚ	wo ㅝ	we ㅞ	wi ㅟ	ui ㅢ
g/k ㄱ																					
n ㄴ																					
d/t ㄷ																					
r/l ㄹ																					
m ㅁ																					
b/p ㅂ																					
s ㅅ																					
/ng ㅇ																					
j ㅈ																					
ch ㅊ																					
k ㅋ																					
t ㅌ																					
p ㅍ																					
h ㅎ																					
kk ㄲ																					
tt ㄸ																					
pp ㅃ																					
ss ㅆ																					
jj ㅉ																					

자음   모음

ㅌ   ㅙ = 퇘
t   wae   twae

쓰기연습

로마자 표기법

	a ㅏ	ya ㅑ	eo ㅓ	yeo ㅕ	o ㅗ	yo ㅛ	u ㅜ	yu ㅠ	eu ㅡ	i ㅣ	ae ㅐ	yae ㅒ	e ㅔ	ye ㅖ	wa ㅘ	**wae ㅙ**	oe ㅚ	wo ㅝ	we ㅞ	wi ㅟ	ui ㅢ
g/k ㄱ																					
n ㄴ																					
d/t ㄷ																						
r/l ㄹ																						
m ㅁ																						
b/p ㅂ																						
s ㅅ																						
/ng ㅇ																						
j ㅈ																						
ch ㅊ																						
k ㅋ																						
t ㅌ																						
p ㅍ																						
h ㅎ																						
kk ㄲ																						
tt ㄸ																						
pp ㅃ																						
ss ㅆ																						
jj ㅉ																						

자음   모음

ㅍ   ㅙ = 퐤
p   wae   pwae

쓰기연습

로마자 표기법

a ㅏ | ya ㅑ | eo ㅓ | yeo ㅕ | o ㅗ | yo ㅛ | u ㅜ | yu ㅠ | eu ㅡ | i ㅣ | ae ㅐ | yae ㅒ | e ㅔ | ye ㅖ | wa ㅘ | wae ㅙ | oe ㅚ | wo ㅝ | we ㅞ | wi ㅟ | ui ㅢ

g/k ㄱ
n ㄴ
d/t ㄷ
r/l ㄹ
m ㅁ
b/p ㅂ
s ㅅ
/ng ㅇ
j ㅈ
ch ㅊ
k ㅋ
t ㅌ
p ㅍ
h ㅎ
kk ㄲ
tt ㄸ
pp ㅃ
ss ㅆ
jj ㅉ

자음 모음

ㅎ ㅙ = 홰

h wae = hwae

쓰기연습

로마자 표기법

a ㅏ | ya ㅑ | eo ㅓ | yeo ㅕ | o ㅗ | yo ㅛ | u ㅜ | yu ㅠ | eu ㅡ | i ㅣ | ae ㅐ | yae ㅒ | e ㅔ | ye ㅖ | wa ㅘ | wae ㅙ | oe ㅚ | wo ㅝ | we ㅞ | wi ㅟ | ui ㅢ

g/k ㄱ
n ㄴ
d/t ㄷ
r/l ㄹ
m ㅁ
b/p ㅂ
s ㅅ
/ng ㅇ
j ㅈ
ch ㅊ
k ㅋ
t ㅌ
p ㅍ
h ㅎ
kk ㄲ
tt ㄸ
pp ㅃ
ss ㅆ
jj ㅉ

자음 모음

ㄲ ㅙ = 꽤

kk wae = kkwae

쓰기연습

로마자 표기법

ㄸ ㅙ = ㄸㅙ
tt wae ttwae

쓰기연습

로마자 표기법

ㅃ ㅙ = ㅃㅙ
pp wae ppwae

쓰기연습

로마자 표기법

쓰 + ㅙ = 쐐
sswae = sswae

쓰기연습

로마자 표기법

ㅉ + ㅙ = 쫴
jj wae = jjwae

쓰기연습

로마자 표기법

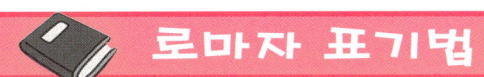

a	ya	eo	yeo	o	yo	u	yu	eu	i	ae	yae	e	ye	wa	wae	oe	wo	we	wi	ui
ㅏ	ㅑ	ㅓ	ㅕ	ㅗ	ㅛ	ㅜ	ㅠ	ㅡ	ㅣ	ㅐ	ㅒ	ㅔ	ㅖ	ㅘ	ㅙ	ㅚ	ㅝ	ㅞ	ㅟ	ㅢ

g/k	n	d/t	r/l	m	b/p	s	/ng	j	ch	k	t	p	h	kk	tt	pp	ss	jj
ㄱ	ㄴ	ㄷ	ㄹ	ㅁ	ㅂ	ㅅ	ㅇ	ㅈ	ㅊ	ㅋ	ㅌ	ㅍ	ㅎ	ㄲ	ㄸ	ㅃ	ㅆ	ㅉ

자음 모음

ㄱ ㅚ = 괴

g oe goe

쓰기연습

로마자 표기법

a	ya	eo	yeo	o	yo	u	yu	eu	i	ae	yae	e	ye	wa	wae	oe	wo	we	wi	ui
ㅏ	ㅑ	ㅓ	ㅕ	ㅗ	ㅛ	ㅜ	ㅠ	ㅡ	ㅣ	ㅐ	ㅒ	ㅔ	ㅖ	ㅘ	ㅙ	ㅚ	ㅝ	ㅞ	ㅟ	ㅢ

g/k	n	d/t	r/l	m	b/p	s	/ng	j	ch	k	t	p	h	kk	tt	pp	ss	jj
ㄱ	ㄴ	ㄷ	ㄹ	ㅁ	ㅂ	ㅅ	ㅇ	ㅈ	ㅊ	ㅋ	ㅌ	ㅍ	ㅎ	ㄲ	ㄸ	ㅃ	ㅆ	ㅉ

자음 모음

ㄴ ㅚ = 뇌

n oe noe

쓰기연습

로마자 표기법

	a ㅏ	ya ㅑ	eo ㅓ	yeo ㅕ	o ㅗ	yo ㅛ	u ㅜ	yu ㅠ	eu ㅡ	i ㅣ	ae ㅐ	yae ㅒ	e ㅔ	ye ㅖ	wa ㅘ	wae ㅙ	oe ㅚ	wo ㅝ	we ㅞ	wi ㅟ	ui ㅢ
g/k ㄱ																					
n ㄴ																					
d/t ㄷ																					

자음 모음

ㄷ ㅚ = 되
d oe   doe

쓰기연습

로마자 표기법

자음 모음

ㄹ ㅚ = 뢰
r oe   roe

쓰기연습

로마자 표기법

ㅁ + ㅚ = 뫼
m + oe = moe

로마자 표기법

ㅂ + ㅚ = 뵈
b + oe = boe

로마자 표기법

	a ㅏ	ya ㅑ	eo ㅓ	yeo ㅕ	o ㅗ	yo ㅛ	u ㅜ	yu ㅠ	eu ㅡ	i ㅣ	ae ㅐ	yae ㅒ	e ㅔ	ye ㅖ	wa ㅘ	wae ㅙ	oe ㅚ	wo ㅝ	we ㅞ	wi ㅟ	ui ㅢ

g/k ㄱ / n ㄴ / d/t ㄷ / r/l ㄹ / m ㅁ / b/p ㅂ / **s ㅅ** / ng ㅇ / j ㅈ / ch ㅊ / k ㅋ / t ㅌ / p ㅍ / h ㅎ / kk ㄲ / tt ㄸ / pp ㅃ / ss ㅆ / jj ㅉ

자음   모음

ㅅ ㅚ = 쇠
s   oe   soe

쓰기연습

로마자 표기법

	a ㅏ	ya ㅑ	eo ㅓ	yeo ㅕ	o ㅗ	yo ㅛ	u ㅜ	yu ㅠ	eu ㅡ	i ㅣ	ae ㅐ	yae ㅒ	e ㅔ	ye ㅖ	wa ㅘ	wae ㅙ	oe ㅚ	wo ㅝ	we ㅞ	wi ㅟ	ui ㅢ

g/k ㄱ / n ㄴ / d/t ㄷ / r/l ㄹ / m ㅁ / b/p ㅂ / s ㅅ / **ng ㅇ** / j ㅈ / ch ㅊ / k ㅋ / t ㅌ / p ㅍ / h ㅎ / kk ㄲ / tt ㄸ / pp ㅃ / ss ㅆ / jj ㅉ

자음   모음

외 ㅇ = 욍
oe ng   oeng

쓰기연습

로마자 표기법

	a ㅏ	ya ㅑ	eo ㅓ	yeo ㅕ	o ㅗ	yo ㅛ	u ㅜ	yu ㅠ	eu ㅡ	i ㅣ	ae ㅐ	yae ㅒ	e ㅔ	ye ㅖ	wa ㅘ	wae ㅙ	oe ㅚ	wo ㅝ	we ㅞ	wi ㅟ	ui ㅢ
g/k ㄱ																					
n ㄴ																					
d/t ㄷ																					
r/l ㄹ																					
m ㅁ																					
b/p ㅂ																					
s ㅅ																					
/ng ㅇ																					
j ㅈ																					
ch ㅊ																					
k ㅋ																					
t ㅌ																					
p ㅍ																					
h ㅎ																					
kk ㄲ																					
tt ㄸ																					
pp ㅃ																					
ss ㅆ																					
jj ㅉ																					

자음　　모음

ㅈ　ㅚ ＝ 죄

j　oe　joe

쓰기연습

로마자 표기법

	a ㅏ	ya ㅑ	eo ㅓ	yeo ㅕ	o ㅗ	yo ㅛ	u ㅜ	yu ㅠ	eu ㅡ	i ㅣ	ae ㅐ	yae ㅒ	e ㅔ	ye ㅖ	wa ㅘ	wae ㅙ	oe ㅚ	wo ㅝ	we ㅞ	wi ㅟ	ui ㅢ
g/k ㄱ																					
n ㄴ																					
d/t ㄷ																						
r/l ㄹ																						
m ㅁ																						
b/p ㅂ																						
s ㅅ																						
/ng ㅇ																						
j ㅈ																						
ch ㅊ																						
k ㅋ																						
t ㅌ																						
p ㅍ																						
h ㅎ																						
kk ㄲ																						
tt ㄸ																						
pp ㅃ																						
ss ㅆ																						
jj ㅉ																						

자음　　모음

ㅊ　ㅚ ＝ 최

ch　oe　choe

쓰기연습

로마자 표기법

	a ㅏ	ya ㅑ	eo ㅓ	yeo ㅕ	o ㅗ	yo ㅛ	u ㅜ	yu ㅠ	eu ㅡ	i ㅣ	ae ㅐ	yae ㅒ	e ㅔ	ye ㅖ	wa ㅘ	wae ㅙ	(oe) ㅚ	wo ㅝ	we ㅞ	wi ㅟ	ui ㅢ
g/k ㄱ																					
n ㄴ																					
d/t ㄷ																					
r/l ㄹ																					
m ㅁ																					
b/p ㅂ																					
s ㅅ																					
/ng ㅇ																					
j ㅈ																					
ch ㅊ																					
(k) ㅋ																					
t ㅌ																					
p ㅍ																					
h ㅎ																					
kk ㄲ																					
tt ㄸ																					
pp ㅃ																					
ss ㅆ																					
jj ㅉ																					

자음 모음

ㅋ ㅚ = 쾨
k oe koe

쓰기연습

로마자 표기법

	a ㅏ	ya ㅑ	eo ㅓ	yeo ㅕ	o ㅗ	yo ㅛ	u ㅜ	yu ㅠ	eu ㅡ	i ㅣ	ae ㅐ	yae ㅒ	e ㅔ	ye ㅖ	wa ㅘ	wae ㅙ	(oe) ㅚ	wo ㅝ	we ㅞ	wi ㅟ	ui ㅢ
g/k ㄱ																					
n ㄴ																					
d/t ㄷ																					
r/l ㄹ																					
m ㅁ																					
b/p ㅂ																						
s ㅅ																					
/ng ㅇ																					
j ㅈ																					
ch ㅊ																					
k ㅋ																					
(t) ㅌ																					
p ㅍ																					
h ㅎ																					
kk ㄲ																					
tt ㄸ																					
pp ㅃ																					
ss ㅆ																					
jj ㅉ																					

자음 모음

ㅌ ㅚ = 퇴
t oe toe

쓰기연습

로마자 표기법

	a ㅏ	ya ㅑ	eo ㅓ	yeo ㅕ	o ㅗ	yo ㅛ	u ㅜ	yu ㅠ	eu ㅡ	i ㅣ	ae ㅐ	yae ㅒ	e ㅔ	ye ㅖ	wa ㅘ	wae ㅙ	(oe) ㅚ	wo ㅝ	we ㅞ	wi ㅟ	ui ㅢ
g/k ㄱ																					
n ㄴ																					
d/t ㄷ																					
r/l ㄹ																					
m ㅁ																					
b/p ㅂ																					
s ㅅ																					
/ng ㅇ																					
j ㅈ																					
ch ㅊ																					
k ㅋ																					
t ㅌ																					
(p) ㅍ																					
h ㅎ																					
kk ㄲ																					
tt ㄸ																					
pp ㅃ																					
ss ㅆ																					
jj ㅉ																					

자음 　 모음

ㅍ　ㅚ＝푀

p　oe　poe

쓰기연습

로마자 표기법

	a ㅏ	ya ㅑ	eo ㅓ	yeo ㅕ	o ㅗ	yo ㅛ	u ㅜ	yu ㅠ	eu ㅡ	i ㅣ	ae ㅐ	yae ㅒ	e ㅔ	ye ㅖ	wa ㅘ	wae ㅙ	(oe) ㅚ	wo ㅝ	we ㅞ	wi ㅟ	ui ㅢ
g/k ㄱ																					
n ㄴ																					
d/t ㄷ																					
r/l ㄹ																					
m ㅁ																					
b/p ㅂ																					
s ㅅ																					
/ng ㅇ																					
j ㅈ																					
ch ㅊ																					
k ㅋ																					
t ㅌ																					
p ㅍ																					
(h) ㅎ																					
kk ㄲ																					
tt ㄸ																					
pp ㅃ																					
ss ㅆ																					
jj ㅉ																					

자음 　 모음

ㅎ　ㅚ＝회

h　oe　hoe

쓰기연습

로마자 표기법

	a ㅏ	ya ㅑ	eo ㅓ	yeo ㅕ	o ㅗ	yo ㅛ	u ㅜ	yu ㅠ	eu ㅡ	i ㅣ	ae ㅐ	yae ㅒ	e ㅔ	ye ㅖ	wa ㅘ	wae ㅙ	oe ㅚ	wo ㅝ	we ㅞ	wi ㅟ	ui ㅢ
g/k ㄱ																					
n ㄴ																					
d/t ㄷ																					
r/l ㄹ																					
m ㅁ																					
b/p ㅂ																					
s ㅅ																					
/ng ㅇ																					
j ㅈ																					
ch ㅊ																					
k ㅋ																					
t ㅌ																					
p ㅍ																					
h ㅎ																					
kk ㄲ																					
tt ㄸ																					
pp ㅃ																					
ss ㅆ																					
jj ㅉ																					

자음　모음

ㄲ　ㅚ = 꾀
kk　oe = kkoe

쓰기연습

로마자 표기법

	a ㅏ	ya ㅑ	eo ㅓ	yeo ㅕ	o ㅗ	yo ㅛ	u ㅜ	yu ㅠ	eu ㅡ	i ㅣ	ae ㅐ	yae ㅒ	e ㅔ	ye ㅖ	wa ㅘ	wae ㅙ	oe ㅚ	wo ㅝ	we ㅞ	wi ㅟ	ui ㅢ
g/k ㄱ																					
n ㄴ																					
d/t ㄷ																						
r/l ㄹ																						
m ㅁ																						
b/p ㅂ																						
s ㅅ																						
/ng ㅇ																						
j ㅈ																						
ch ㅊ																						
k ㅋ																						
t ㅌ																						
p ㅍ																						
h ㅎ																						
kk ㄲ																						
tt ㄸ																						
pp ㅃ																						
ss ㅆ																						
jj ㅉ																						

자음　모음

ㄸ　ㅚ = 뙤
tt　oe = ttoe

쓰기연습

로마자 표기법

	a ㅏ	ya ㅑ	eo ㅓ	yeo ㅕ	o ㅗ	yo ㅛ	u ㅜ	yu ㅠ	eu ㅡ	i ㅣ	ae ㅐ	yae ㅒ	e ㅔ	ye ㅖ	wa ㅘ	wae ㅙ	oe ㅚ	wo ㅝ	we ㅞ	wi ㅟ	ui ㅢ
g/k ㄱ																					
n ㄴ																					
d/t ㄷ																					
r/l ㄹ																					
m ㅁ																					
b/p ㅂ																					
s ㅅ																					
/ng ㅇ																					
j ㅈ																					
ch ㅊ																					
k ㅋ																					
t ㅌ																					
p ㅍ																					
h ㅎ																					
kk ㄲ																					
tt ㄸ																					
pp ㅃ																					
ss ㅆ																					
jj ㅉ																					

자음   모음

ㅃ   ㅚ = 뾔

pp oe   ppoe

쓰기연습

로마자 표기법

자음   모음

ㅆ   ㅚ = 쐬

ss oe   ssoe

쓰기연습

로마자 표기법

	a ㅏ	ya ㅑ	eo ㅓ	yeo ㅕ	o ㅗ	yo ㅛ	u ㅜ	yu ㅠ	eu ㅡ	i ㅣ	ae ㅐ	yae ㅒ	e ㅔ	ye ㅖ	wa ㅘ	wae ㅙ	**oe ㅚ**	wo ㅝ	we ㅞ	wi ㅟ	ui ㅢ
g/k ㄱ																					
n ㄴ																					
d/t ㄷ																					
r/l ㄹ																					
m ㅁ																					
b/p ㅂ																					
s ㅅ																					
/ng ㅇ																					
j ㅈ																					
ch ㅊ																					
k ㅋ																					
t ㅌ																					
p ㅍ																					
h ㅎ																					
kk ㄲ																					
tt ㄸ																					
pp ㅃ																					
ss ㅆ																					
jj ㅉ																					

자음　　모음

ㅉ　　ㅚ ＝ 쬐
jj　　oe　 jjoe

쓰기연습

로마자 표기법

	a ㅏ	ya ㅑ	eo ㅓ	yeo ㅕ	o ㅗ	yo ㅛ	u ㅜ	yu ㅠ	eu ㅡ	i ㅣ	ae ㅐ	yae ㅒ	e ㅔ	ye ㅖ	wa ㅘ	wae ㅙ	oe ㅚ	**wo ㅝ**	we ㅞ	wi ㅟ	ui ㅢ
g/k ㄱ																					
n ㄴ																					
d/t ㄷ																					
r/l ㄹ																					
m ㅁ																					
b/p ㅂ																					
s ㅅ																					
/ng ㅇ																					
j ㅈ																					
ch ㅊ																					
k ㅋ																					
t ㅌ																					
p ㅍ																					
h ㅎ																					
kk ㄲ																					
tt ㄸ																					
pp ㅃ																					
ss ㅆ																					
jj ㅉ																					

자음　　모음

ㄱ　　ㅝ ＝ 궈
g　　wo　 gwo

쓰기연습

로마자 표기법

| | a ㅏ | ya ㅑ | eo ㅓ | yeo ㅕ | o ㅗ | yo ㅛ | u ㅜ | yu ㅠ | eu ㅡ | i ㅣ | ae ㅐ | yae ㅒ | e ㅔ | ye ㅖ | wa ㅘ | wae ㅙ | oe ㅚ | **wo ㅝ** | we ㅞ | wi ㅟ | ui ㅢ |

g/k ㄱ
ㄴ n
d/t ㄷ
r/l ㄹ
m ㅁ
b/p ㅂ
s ㅅ
/ng ㅇ
j ㅈ
ch ㅊ
k ㅋ
t ㅌ
p ㅍ
h ㅎ
kk ㄲ
tt ㄸ
pp ㅃ
ss ㅆ
jj ㅉ

자음   모음

ㄴ   ㅝ = 눠

n   wo   nwo

쓰기연습

로마자 표기법

| | a ㅏ | ya ㅑ | eo ㅓ | yeo ㅕ | o ㅗ | yo ㅛ | u ㅜ | yu ㅠ | eu ㅡ | i ㅣ | ae ㅐ | yae ㅒ | e ㅔ | ye ㅖ | wa ㅘ | wae ㅙ | oe ㅚ | **wo ㅝ** | we ㅞ | wi ㅟ | ui ㅢ |

g/k ㄱ
n ㄴ
d/t ㄷ
r/l ㄹ
m ㅁ
b/p ㅂ
s ㅅ
/ng ㅇ
j ㅈ
ch ㅊ
k ㅋ
t ㅌ
p ㅍ
h ㅎ
kk ㄲ
tt ㄸ
pp ㅃ
ss ㅆ
jj ㅉ

자음   모음

ㄷ   ㅝ = 둬

d   wo   dwo

쓰기연습

로마자 표기법

	a ㅏ	ya ㅑ	eo ㅓ	yeo ㅕ	o ㅗ	yo ㅛ	u ㅜ	yu ㅠ	eu ㅡ	i ㅣ	ae ㅐ	yae ㅒ	e ㅔ	ye ㅖ	wa ㅘ	wae ㅙ	oe ㅚ	**wo ㅝ**	we ㅞ	wi ㅟ	ui ㅢ
g/k ㄱ																					
n ㄴ																					
d/t ㄷ																					
r/l ㄹ																					
m ㅁ																					
b/p ㅂ																					
s ㅅ																					
/ng ㅇ																					
j ㅈ																					
ch ㅊ																					
k ㅋ																					
t ㅌ																					
p ㅍ																					
h ㅎ																					
kk ㄲ																					
tt ㄸ																					
pp ㅃ																					
ss ㅆ																					
jj ㅉ																					

자음　　모음

ㄹ　ㅓ＝ 뤄

r　wo　rwo

쓰기연습

로마자 표기법

자음　　모음

ㅁ　ㅓ＝ 뭐

m　wo　mwo

쓰기연습

로마자 표기법

	a ㅏ	ya ㅑ	eo ㅓ	yeo ㅕ	o ㅗ	yo ㅛ	u ㅜ	yu ㅠ	eu ㅡ	i ㅣ	ae ㅐ	yae ㅒ	e ㅔ	ye ㅖ	wa ㅘ	wae ㅙ	oe ㅚ	wo ㅝ	we ㅞ	wi ㅟ	ui ㅢ
g/k ㄱ																					
n ㄴ																					
d/t ㄷ																					
r/l ㄹ																					
m ㅁ																					
b/p ㅂ																					
s ㅅ																					
/ng ㅇ																					
j ㅈ																					
ch ㅊ																					
k ㅋ																					
t ㅌ																					
p ㅍ																					
h ㅎ																					
kk ㄲ																					
tt ㄸ																					
pp ㅃ																					
ss ㅆ																					
jj ㅉ																					

자음 모음

ㅂ ㅝ = 붜
b wo bwo

쓰기연습

로마자 표기법

	a ㅏ	ya ㅑ	eo ㅓ	yeo ㅕ	o ㅗ	yo ㅛ	u ㅜ	yu ㅠ	eu ㅡ	i ㅣ	ae ㅐ	yae ㅒ	e ㅔ	ye ㅖ	wa ㅘ	wae ㅙ	oe ㅚ	wo ㅝ	we ㅞ	wi ㅟ	ui ㅢ
g/k ㄱ																					
n ㄴ																					
d/t ㄷ																					
r/l ㄹ																					
m ㅁ																					
b/p ㅂ																						
s ㅅ																					
/ng ㅇ																					
j ㅈ																					
ch ㅊ																					
k ㅋ																					
t ㅌ																					
p ㅍ																					
h ㅎ																					
kk ㄲ																					
tt ㄸ																					
pp ㅃ																					
ss ㅆ																					
jj ㅉ																					

자음 모음

ㅅ ㅝ = 숴
s wo swo

쓰기연습

로마자 쓰기연습

로마자 표기법

	a ㅏ	ya ㅑ	eo ㅓ	yeo ㅕ	o ㅗ	yo ㅛ	u ㅜ	yu ㅠ	eu ㅡ	i ㅣ	ae ㅐ	yae ㅒ	e ㅔ	ye ㅖ	wa ㅘ	wae ㅙ	oe ㅚ	wo ㅝ	we ㅞ	wi ㅟ	ui ㅢ
g/k ㄱ																					
n ㄴ																					
d/t ㄷ																					
r/l ㄹ																					
m ㅁ																					
b/p ㅂ																					
s ㅅ																					
/ng ㅇ																					
j ㅈ																					
ch ㅊ																					
k ㅋ																					
t ㅌ																					
p ㅍ																					
h ㅎ																					
kk ㄲ																					
tt ㄸ																					
pp ㅃ																					
ss ㅆ																					
jj ㅉ																					

자음	모음		
워	ㅇ	=	웡
wo	ng		wong

쓰기연습

로마자 표기법

	a ㅏ	ya ㅑ	eo ㅓ	yeo ㅕ	o ㅗ	yo ㅛ	u ㅜ	yu ㅠ	eu ㅡ	i ㅣ	ae ㅐ	yae ㅒ	e ㅔ	ye ㅖ	wa ㅘ	wae ㅙ	oe ㅚ	wo ㅝ	we ㅞ	wi ㅟ	ui ㅢ
g/k ㄱ																					
n ㄴ																					
d/t ㄷ																					
r/l ㄹ																					
m ㅁ																					
b/p ㅂ																					
s ㅅ																					
/ng ㅇ																					
j ㅈ																					
ch ㅊ																					
k ㅋ																					
t ㅌ																					
p ㅍ																					
h ㅎ																					
kk ㄲ																					
tt ㄸ																					
pp ㅃ																					
ss ㅆ																					
jj ㅉ																					

자음	모음		
ㅈ	ㅝ	=	줘
j	wo		jwo

쓰기연습

로마자 표기법

ㅊ + ㅝ = 춰
ch + wo = chwo

쓰기연습

로마자 표기법

ㅋ + ㅝ = 쿼
k + wo = kwo

쓰기연습

로마자 표기법

	a ㅏ	ya ㅑ	eo ㅓ	yeo ㅕ	o ㅗ	yo ㅛ	u ㅜ	yu ㅠ	eu ㅡ	i ㅣ	ae ㅐ	yae ㅒ	e ㅔ	ye ㅖ	wa ㅘ	wae ㅙ	oe ㅚ	(wo) ㅝ	we ㅞ	wi ㅟ	ui ㅢ
g/k ㄱ																					
n ㄴ																					
d/t ㄷ																					
r/l ㄹ																					
m ㅁ																					
b/p ㅂ																					
s ㅅ																					
/ng ㅇ																					
j ㅈ																					
ch ㅊ																					
k ㅋ																					
(t) ㅌ																					
p ㅍ																					
h ㅎ																					
kk ㄲ																					
tt ㄸ																					
pp ㅃ																					
ss ㅆ																					
jj ㅉ																					

자음　　모음

ㅌ　　ㅝ ＝ 퉈
t　　wo　　two

쓰기연습

로마자 표기법

	a ㅏ	ya ㅑ	eo ㅓ	yeo ㅕ	o ㅗ	yo ㅛ	u ㅜ	yu ㅠ	eu ㅡ	i ㅣ	ae ㅐ	yae ㅒ	e ㅔ	ye ㅖ	wa ㅘ	wae ㅙ	oe ㅚ	(wo) ㅝ	we ㅞ	wi ㅟ	ui ㅢ
g/k ㄱ																					
n ㄴ																					
d/t ㄷ																						
r/l ㄹ																						
m ㅁ																						
b/p ㅂ																						
s ㅅ																						
/ng ㅇ																						
j ㅈ																						
ch ㅊ																						
k ㅋ																						
t ㅌ																						
(p) ㅍ																						
h ㅎ																						
kk ㄲ																						
tt ㄸ																						
pp ㅃ																						
ss ㅆ																						
jj ㅉ																						

자음　　모음

ㅍ　　ㅝ ＝ 풔
p　　wo　　pwo

쓰기연습

로마자 표기법

	a ㅏ	ya ㅑ	eo ㅓ	yeo ㅕ	o ㅗ	yo ㅛ	u ㅜ	yu ㅠ	eu ㅡ	i ㅣ	ae ㅐ	yae ㅒ	e ㅔ	ye ㅖ	wa ㅘ	wae ㅙ	oe ㅚ	wo ㅝ	we ㅞ	wi ㅟ	ui ㅢ
g/k ㄱ																					
n ㄴ																					
d/t ㄷ																					
r/l ㄹ																					
m ㅁ																					
b/p ㅂ																					
s ㅅ																					
/ng ㅇ																					
j ㅈ																					
ch ㅊ																					
k ㅋ																					
t ㅌ																					
p ㅍ																					
h ㅎ																					
kk ㄲ																					
tt ㄸ																					
pp ㅃ																					
ss ㅆ																					
jj ㅉ																					

자음   모음

ㄸ ㅝ = 뚸

tt   wo   ttwo

쓰기연습

로마자 표기법

자음   모음

ㅃ ㅝ = 뿨

pp   wo   ppwo

쓰기연습

로마자 표기법

	a ㅏ	ya ㅑ	eo ㅓ	yeo ㅕ	o ㅗ	yo ㅛ	u ㅜ	yu ㅠ	eu ㅡ	i ㅣ	ae ㅐ	yae ㅒ	e ㅔ	ye ㅖ	wa ㅘ	wae ㅙ	oe ㅚ	wo ㅝ	we ㅞ	wi ㅟ	ui ㅢ
g/k ㄱ																					

자음 **모음**

ㄱ ㅞ = ㄱㅞ
g   we   gwe

쓰기연습

로마자 표기법

	a ㅏ	ya ㅑ	eo ㅓ	yeo ㅕ	o ㅗ	yo ㅛ	u ㅜ	yu ㅠ	eu ㅡ	i ㅣ	ae ㅐ	yae ㅒ	e ㅔ	ye ㅖ	wa ㅘ	wae ㅙ	oe ㅚ	wo ㅝ	we ㅞ	wi ㅟ	ui ㅢ
n ㄴ																					

자음 **모음**

ㄴ ㅞ = ㄴㅞ
n   we   nwe

쓰기연습

로마자 표기법

	a ㅏ	ya ㅑ	eo ㅓ	yeo ㅕ	o ㅗ	yo ㅛ	u ㅜ	yu ㅠ	eu ㅡ	i ㅣ	ae ㅐ	yae ㅒ	e ㅔ	ye ㅖ	wa ㅘ	wae ㅙ	oe ㅚ	wo ㅝ	(we) ㅞ	wi ㅟ	ui ㅢ
g/k ㄱ																					
n ㄴ																					
(d/t) ㄷ																					
r/l ㄹ																					
m ㅁ																					
b/p ㅂ																					
s ㅅ																					
/ng ㅇ																					
j ㅈ																					
ch ㅊ																					
k ㅋ																					
t ㅌ																					
p ㅍ																					
h ㅎ																					
kk ㄲ																					
tt ㄸ																					
pp ㅃ																					
ss ㅆ																					
jj ㅉ																					

자음　　모음

ㄷ　ㅞ = 뒈

d　we　dwe

쓰기연습

로마자 표기법

	a ㅏ	ya ㅑ	eo ㅓ	yeo ㅕ	o ㅗ	yo ㅛ	u ㅜ	yu ㅠ	eu ㅡ	i ㅣ	ae ㅐ	yae ㅒ	e ㅔ	ye ㅖ	wa ㅘ	wae ㅙ	oe ㅚ	wo ㅝ	(we) ㅞ	wi ㅟ	ui ㅢ
g/k ㄱ																					
n ㄴ																					
d/t ㄷ																					
(r/l) ㄹ																					
m ㅁ																					
b/p ㅂ																						
s ㅅ																						
/ng ㅇ																						
j ㅈ																						
ch ㅊ																						
k ㅋ																						
t ㅌ																						
p ㅍ																						
h ㅎ																						
kk ㄲ																						
tt ㄸ																						
pp ㅃ																						
ss ㅆ																						
jj ㅉ																						

자음　　모음

ㄹ　ㅞ = 뤠

r　we　rwe

쓰기연습

로마자 표기법

| | a ㅏ | ya ㅑ | eo ㅓ | yeo ㅕ | o ㅗ | yo ㅛ | u ㅜ | yu ㅠ | eu ㅡ | i ㅣ | ae ㅐ | yae ㅒ | e ㅔ | ye ㅖ | wa ㅘ | wae ㅙ | oe ㅚ | wo ㅝ | **we ㅞ** | wi ㅟ | ui ㅢ |

g/k ㄱ
n ㄴ
d/t ㄷ
r/l ㄹ
m ㅁ
b/p ㅂ
s ㅅ
/ng ㅇ
j ㅈ
ch ㅊ
k ㅋ
t ㅌ
p ㅍ
h ㅎ
kk ㄲ
tt ㄸ
pp ㅃ
ss ㅆ
jj ㅉ

자음　　모음

ㅁ　ㅞ = 뭬

m　we　mwe

쓰기연습

로마자 표기법

로마자 표기법

	a ㅏ	ya ㅑ	eo ㅓ	yeo ㅕ	o ㅗ	yo ㅛ	u ㅜ	yu ㅠ	eu ㅡ	i ㅣ	ae ㅐ	yae ㅒ	e ㅔ	ye ㅖ	wa ㅘ	wae ㅙ	oe ㅚ	wo ㅝ	we ㅞ	wi ㅟ	ui ㅢ
g/k ㄱ																					
n ㄴ																					
d/t ㄷ																					
r/l ㄹ																					
m ㅁ																					
b/p ㅂ																					
s ㅅ																					
/ng ㅇ																					
j ㅈ																					
ch ㅊ																					
k ㅋ																					
t ㅌ																					
p ㅍ																					
h ㅎ																					
kk ㄲ																					
tt ㄸ																					
pp ㅃ																					
ss ㅆ																					
jj ㅉ																					

자음 모음

ㅅ ㅞ = 쉐
s   we   swe

쓰기연습

로마자 표기법

	a ㅏ	ya ㅑ	eo ㅓ	yeo ㅕ	o ㅗ	yo ㅛ	u ㅜ	yu ㅠ	eu ㅡ	i ㅣ	ae ㅐ	yae ㅒ	e ㅔ	ye ㅖ	wa ㅘ	wae ㅙ	oe ㅚ	wo ㅝ	we ㅞ	wi ㅟ	ui ㅢ
g/k ㄱ																					
n ㄴ																					
d/t ㄷ																						
r/l ㄹ																						
m ㅁ																						
b/p ㅂ																						
s ㅅ																						
/ng ㅇ																						
j ㅈ																						
ch ㅊ																						
k ㅋ																						
t ㅌ																						
p ㅍ																						
h ㅎ																						
kk ㄲ																						
tt ㄸ																						
pp ㅃ																						
ss ㅆ																						
jj ㅉ																						

자음 모음

웨 ㅇ = 웽
we ng weng

쓰기연습

로마자 표기법

	a ㅏ	ya ㅑ	eo ㅓ	yeo ㅕ	o ㅗ	yo ㅛ	u ㅜ	yu ㅠ	eu ㅡ	i ㅣ	ae ㅐ	yae ㅒ	e ㅔ	ye ㅖ	wa ㅘ	wae ㅙ	oe ㅚ	wo ㅝ	**we ㅞ**	wi ㅟ	ui ㅢ

g/k ㄱ
n ㄴ
d/t ㄷ
r/l ㄹ
m ㅁ
b/p ㅂ
s ㅅ
/ng ㅇ
j ㅈ
ch ㅊ
k ㅋ
t ㅌ
p ㅍ
h ㅎ
kk ㄲ
tt ㄸ
pp ㅃ
ss ㅆ
jj ㅉ

자음 모음
ㅈ + ㅞ = 줴
j + we = jwe

쓰기연습

로마자 표기법

	a ㅏ	ya ㅑ	eo ㅓ	yeo ㅕ	o ㅗ	yo ㅛ	u ㅜ	yu ㅠ	eu ㅡ	i ㅣ	ae ㅐ	yae ㅒ	e ㅔ	ye ㅖ	wa ㅘ	wae ㅙ	oe ㅚ	wo ㅝ	**we ㅞ**	wi ㅟ	ui ㅢ

g/k ㄱ
n ㄴ
d/t ㄷ
r/l ㄹ
m ㅁ
b/p ㅂ
s ㅅ
/ng ㅇ
j ㅈ
ch ㅊ
k ㅋ
t ㅌ
p ㅍ
h ㅎ
kk ㄲ
tt ㄸ
pp ㅃ
ss ㅆ
jj ㅉ

자음 모음
ㅊ + ㅞ = 췌
ch + we = chwe

쓰기연습

로마자 표기법

자음 모음
ㅋ + ㅞ = ㅞ
k + we = kwe

쓰기연습

로마자 표기법

자음 모음
ㅌ + ㅞ = ㅞ
t + we = twe

쓰기연습

로마자 표기법

	a ㅏ	ya ㅑ	eo ㅓ	yeo ㅕ	o ㅗ	yo ㅛ	u ㅜ	yu ㅠ	eu ㅡ	i ㅣ	ae ㅐ	yae ㅒ	e ㅔ	ye ㅖ	wa ㅘ	wae ㅙ	oe ㅚ	wo ㅝ	we ㅞ	wi ㅟ	ui ㅢ
g/k ㄱ																					
n ㄴ																					
d/t ㄷ																					
r/l ㄹ																					
m ㅁ																					
b/p ㅂ																					
s ㅅ																					
/ng ㅇ																					
j ㅈ																					
ch ㅊ																					
k ㅋ																					
t ㅌ																					
p ㅍ																					
h ㅎ																					
kk ㄲ																					
tt ㄸ																					
pp ㅃ																					
ss ㅆ																					
jj ㅉ																					

자음   모음

ㅍ   ㅞ = 풰
p   we   pwe

쓰기연습

로마자 표기법

	a ㅏ	ya ㅑ	eo ㅓ	yeo ㅕ	o ㅗ	yo ㅛ	u ㅜ	yu ㅠ	eu ㅡ	i ㅣ	ae ㅐ	yae ㅒ	e ㅔ	ye ㅖ	wa ㅘ	wae ㅙ	oe ㅚ	wo ㅝ	we ㅞ	wi ㅟ	ui ㅢ
g/k ㄱ																					
n ㄴ																					
d/t ㄷ																					
r/l ㄹ																					
m ㅁ																					
b/p ㅂ																					
s ㅅ																					
/ng ㅇ																					
j ㅈ																					
ch ㅊ																					
k ㅋ																					
t ㅌ																					
p ㅍ																					
h ㅎ																					
kk ㄲ																					
tt ㄸ																					
pp ㅃ																					
ss ㅆ																					
jj ㅉ																					

자음   모음

ㅎ   ㅞ = 훼
h   we   hwe

쓰기연습

로마자 표기법

	a ㅏ	ya ㅑ	eo ㅓ	yeo ㅕ	o ㅗ	yo ㅛ	u ㅜ	yu ㅠ	eu ㅡ	i ㅣ	ae ㅐ	yae ㅒ	e ㅔ	ye ㅖ	wa ㅘ	wae ㅙ	oe ㅚ	wo ㅝ	we ㅞ	wi ㅟ	ui ㅢ
g/k ㄱ																					
n ㄴ																					
d/t ㄷ																					
r/l ㄹ																					
m ㅁ																					
b/p ㅂ																					
s ㅅ																					
/ng ㅇ																					
j ㅈ																					
ch ㅊ																					
k ㅋ																					
t ㅌ																					
p ㅍ																					
h ㅎ																					
kk ㄲ																					
tt ㄸ																					
pp ㅃ																					
ss ㅆ																					
jj ㅉ																					

자음　　모음

ㄲ　ㅞ ＝ 꿰

kk　we　kkwe

쓰기연습

로마자 표기법

	a ㅏ	ya ㅑ	eo ㅓ	yeo ㅕ	o ㅗ	yo ㅛ	u ㅜ	yu ㅠ	eu ㅡ	i ㅣ	ae ㅐ	yae ㅒ	e ㅔ	ye ㅖ	wa ㅘ	wae ㅙ	oe ㅚ	wo ㅝ	we ㅞ	wi ㅟ	ui ㅢ
g/k ㄱ																					
n ㄴ																					
d/t ㄷ																						
r/l ㄹ																						
m ㅁ																						
b/p ㅂ																						
s ㅅ																						
/ng ㅇ																						
j ㅈ																						
ch ㅊ																						
k ㅋ																						
t ㅌ																						
p ㅍ																						
h ㅎ																						
kk ㄲ																						
tt ㄸ																						
pp ㅃ																						
ss ㅆ																						
jj ㅉ																						

자음　　모음

ㄸ　ㅞ ＝ 뛔

tt　we　ttwe

쓰기연습

로마자 표기법

	a ㅏ	ya ㅑ	eo ㅓ	yeo ㅕ	o ㅗ	yo ㅛ	u ㅜ	yu ㅠ	eu ㅡ	i ㅣ	ae ㅐ	yae ㅒ	e ㅔ	ye ㅖ	wa ㅘ	wae ㅙ	oe ㅚ	wo ㅝ	**we ㅞ**	wi ㅟ	ui ㅢ
g/k ㄱ																					
n ㄴ																					
d/t ㄷ																					
r/l ㄹ																					
m ㅁ																					
b/p ㅂ																					
s ㅅ																					
/ng ㅇ																					
j ㅈ																					
ch ㅊ																					
k ㅋ																					
t ㅌ																					
p ㅍ																					
h ㅎ																					
kk ㄲ																					
tt ㄸ																					
pp ㅃ																					
ss ㅆ																					
jj ㅉ																					

자음 모음

쯔 ㅞ = 쮀
jj we jjwe

쓰기연습

로마자 표기법

	a ㅏ	ya ㅑ	eo ㅓ	yeo ㅕ	o ㅗ	yo ㅛ	u ㅜ	yu ㅠ	eu ㅡ	i ㅣ	ae ㅐ	yae ㅒ	e ㅔ	ye ㅖ	wa ㅘ	wae ㅙ	oe ㅚ	wo ㅝ	we ㅞ	**wi ㅟ**	ui ㅢ
g/k ㄱ																					
n ㄴ																					
d/t ㄷ																					
r/l ㄹ																					
m ㅁ																					
b/p ㅂ																					
s ㅅ																					
/ng ㅇ																					
j ㅈ																					
ch ㅊ																					
k ㅋ																					
t ㅌ																					
p ㅍ																					
h ㅎ																					
kk ㄲ																					
tt ㄸ																					
pp ㅃ																					
ss ㅆ																					
jj ㅉ																					

자음 모음

ㄱ ㅟ = 귀
g wi gwi

쓰기연습

로마자 표기법

	a ㅏ	ya ㅑ	eo ㅓ	yeo ㅕ	o ㅗ	yo ㅛ	u ㅜ	yu ㅠ	eu ㅡ	i ㅣ	ae ㅐ	yae ㅒ	e ㅔ	ye ㅖ	wa ㅘ	wae ㅙ	oe ㅚ	wo ㅝ	we ㅞ	(wi) ㅟ	ui ㅢ
g/k ㄱ																					
(n) ㄴ																					
d/t ㄷ																					
r/l ㄹ																					
m ㅁ																					
b/p ㅂ																					
s ㅅ																					
/ng ㅇ																					
j ㅈ																					
ch ㅊ																					
k ㅋ																					
t ㅌ																					
p ㅍ																					
h ㅎ																					
kk ㄲ																					
tt ㄸ																					
pp ㅃ																					
ss ㅆ																					
jj ㅉ																					

자음   모음

ㄴ   ㅟ = 뉘
n   wi   nwi

쓰기연습

로마자 표기법

	a ㅏ	ya ㅑ	eo ㅓ	yeo ㅕ	o ㅗ	yo ㅛ	u ㅜ	yu ㅠ	eu ㅡ	i ㅣ	ae ㅐ	yae ㅒ	e ㅔ	ye ㅖ	wa ㅘ	wae ㅙ	oe ㅚ	wo ㅝ	we ㅞ	(wi) ㅟ	ui ㅢ
g/k ㄱ																					
n ㄴ																					
(d/t) ㄷ																					
r/l ㄹ																					
m ㅁ																					
b/p ㅂ																						
s ㅅ																					
/ng ㅇ																					
j ㅈ																					
ch ㅊ																					
k ㅋ																					
t ㅌ																					
p ㅍ																					
h ㅎ																					
kk ㄲ																					
tt ㄸ																					
pp ㅃ																					
ss ㅆ																					
jj ㅉ																					

자음   모음

ㄷ   ㅟ = 뒤
d   wi   dwi

쓰기연습

로마자 표기법

	a ㅏ	ya ㅑ	eo ㅓ	yeo ㅕ	o ㅗ	yo ㅛ	u ㅜ	yu ㅠ	eu ㅡ	i ㅣ	ae ㅐ	yae ㅒ	e ㅔ	ye ㅖ	wa ㅘ	wae ㅙ	oe ㅚ	wo ㅝ	we ㅞ	(wi) ㅟ	ui ㅢ
g/k ㄱ																					
n ㄴ																					
d/t ㄷ																					
r/l ㄹ																					
m ㅁ																					
(b/p) ㅂ																					
s ㅅ																					
/ng ㅇ																					
j ㅈ																					
ch ㅊ																					
k ㅋ																					
t ㅌ																					
p ㅍ																					
h ㅎ																					
kk ㄲ																					
tt ㄸ																					
pp ㅃ																					
ss ㅆ																					
jj ㅉ																					

자음   모음

ㅂ ㅟ = 뷔
b   wi   bwi

쓰기연습

로마자 표기법

	a ㅏ	ya ㅑ	eo ㅓ	yeo ㅕ	o ㅗ	yo ㅛ	u ㅜ	yu ㅠ	eu ㅡ	i ㅣ	ae ㅐ	yae ㅒ	e ㅔ	ye ㅖ	wa ㅘ	wae ㅙ	oe ㅚ	wo ㅝ	we ㅞ	(wi) ㅟ	ui ㅢ
g/k ㄱ																					
n ㄴ																					
d/t ㄷ																					
r/l ㄹ																					
m ㅁ																					
b/p ㅂ																					
(s) ㅅ																					
/ng ㅇ																					
j ㅈ																					
ch ㅊ																					
k ㅋ																					
t ㅌ																					
p ㅍ																					
h ㅎ																					
kk ㄲ																					
tt ㄸ																					
pp ㅃ																					
ss ㅆ																					
jj ㅉ																					

자음   모음

ㅅ ㅟ = 쉬
s   wi   swi

쓰기연습

로마자 표기법

	a ㅏ	ya ㅑ	eo ㅓ	yeo ㅕ	o ㅗ	yo ㅛ	u ㅜ	yu ㅠ	eu ㅡ	i ㅣ	ae ㅐ	yae ㅒ	e ㅔ	ye ㅖ	wa ㅘ	wae ㅙ	oe ㅚ	wo ㅝ	we ㅞ	(wi) ㅟ	ui ㅢ
g/k ㄱ																					
n ㄴ																					
d/t ㄷ																					
r/l ㄹ																					
m ㅁ																					
b/p ㅂ																					
s ㅅ																					
/ng ㅇ																					
j ㅈ																					
ch ㅊ																					
k ㅋ																					
t ㅌ																					
p ㅍ																					
h ㅎ																					
kk ㄲ																					
tt ㄸ																					
pp ㅃ																					
ss ㅆ																					
jj ㅉ																					

자음   모음

위 ㅇ = 윙
wi ng wing

쓰기연습

로마자 표기법

자음   모음

ㅈ ㅟ = 쥐
j wi   jwi

쓰기연습

로마자 표기법

	a ㅏ	ya ㅑ	eo ㅓ	yeo ㅕ	o ㅗ	yo ㅛ	u ㅜ	yu ㅠ	eu ㅡ	i ㅣ	ae ㅐ	yae ㅒ	e ㅔ	ye ㅖ	wa ㅘ	wae ㅙ	oe ㅚ	wo ㅝ	we ㅞ	wi ㅟ	ui ㅢ
g/k ㄱ																					
n ㄴ																					
d/t ㄷ																					
r/l ㄹ																					
m ㅁ																					
b/p ㅂ																					
s ㅅ																					
/ng ㅇ																					
j ㅈ																					
ch ㅊ																					
k ㅋ																					
t ㅌ																					
p ㅍ																					
h ㅎ																					
kk ㄲ																					
tt ㄸ																					
pp ㅃ																					
ss ㅆ																					
jj ㅉ																					

자음 모음

ㅊ ㅟ = 취

ch wi chwi

쓰기연습

로마자 표기법

	a ㅏ	ya ㅑ	eo ㅓ	yeo ㅕ	o ㅗ	yo ㅛ	u ㅜ	yu ㅠ	eu ㅡ	i ㅣ	ae ㅐ	yae ㅒ	e ㅔ	ye ㅖ	wa ㅘ	wae ㅙ	oe ㅚ	wo ㅝ	we ㅞ	wi ㅟ	ui ㅢ
g/k ㄱ																					
n ㄴ																					
d/t ㄷ																					
r/l ㄹ																					
m ㅁ																					
b/p ㅂ																					
s ㅅ																					
/ng ㅇ																					
j ㅈ																					
ch ㅊ																					
k ㅋ																					
t ㅌ																					
p ㅍ																					
h ㅎ																					
kk ㄲ																					
tt ㄸ																					
pp ㅃ																					
ss ㅆ																					
jj ㅉ																					

자음 모음

ㅋ ㅟ = 퀴

k wi kwi

쓰기연습

로마자 표기법

	a ㅏ	ya ㅑ	eo ㅓ	yeo ㅕ	o ㅗ	yo ㅛ	u ㅜ	yu ㅠ	eu ㅡ	i ㅣ	ae ㅐ	yae ㅒ	e ㅔ	ye ㅖ	wa ㅘ	wae ㅙ	oe ㅚ	wo ㅝ	we ㅞ	(wi) ㅟ	ui ㅢ
g/k ㄱ																					
n ㄴ																					
d/t ㄷ																					
r/l ㄹ																					
m ㅁ																					
b/p ㅂ																					
s ㅅ																					
/ng ㅇ																					
j ㅈ																					
ch ㅊ																					
k ㅋ																					
(t) ㅌ																					
p ㅍ																					
h ㅎ																					
kk ㄲ																					
tt ㄸ																					
pp ㅃ																					
ss ㅆ																					
jj ㅉ																					

자음　모음

ㅌ　ㅟ = 튀
t　wi　twi

쓰기연습

로마자 표기법

	a ㅏ	ya ㅑ	eo ㅓ	yeo ㅕ	o ㅗ	yo ㅛ	u ㅜ	yu ㅠ	eu ㅡ	i ㅣ	ae ㅐ	yae ㅒ	e ㅔ	ye ㅖ	wa ㅘ	wae ㅙ	oe ㅚ	wo ㅝ	we ㅞ	(wi) ㅟ	ui ㅢ
g/k ㄱ																					
n ㄴ																					
d/t ㄷ																					
r/l ㄹ																					
m ㅁ																					
b/p ㅂ																					
s ㅅ																					
/ng ㅇ																					
j ㅈ																					
ch ㅊ																					
k ㅋ																					
t ㅌ																					
(p) ㅍ																					
h ㅎ																					
kk ㄲ																					
tt ㄸ																					
pp ㅃ																					
ss ㅆ																					
jj ㅉ																					

자음　모음

ㅍ　ㅟ = 퓌
p　wi　pwi

쓰기연습

로마자 표기법

ㅎ + ㅟ = 휘
h + wi = hwi

쓰기연습

로마자 표기법

ㄲ + ㅟ = 뀌
kk + wi = kkwi

쓰기연습

로마자 표기법

	a ㅏ	ya ㅑ	eo ㅓ	yeo ㅕ	o ㅗ	yo ㅛ	u ㅜ	yu ㅠ	eu ㅡ	i ㅣ	ae ㅐ	yae ㅒ	e ㅔ	ye ㅖ	wa ㅘ	wae ㅙ	oe ㅚ	wo ㅝ	we ㅞ	wi ㅟ	ui ㅢ
g/k ㄱ																					
n ㄴ																					
d/t ㄷ																					
r/l ㄹ																					
m ㅁ																					
b/p ㅂ																					
s ㅅ																					
/ng ㅇ																					
j ㅈ																					
ch ㅊ																					
k ㅋ																					
t ㅌ																					
p ㅍ																					
h ㅎ																					
kk ㄲ																					
tt ㄸ																					
pp ㅃ																					
ss ㅆ																					
jj ㅉ																					

자음 모음

ㄸ ㅟ = 뛰

tt wi ttwi

쓰기연습

로마자 표기법

	a ㅏ	ya ㅑ	eo ㅓ	yeo ㅕ	o ㅗ	yo ㅛ	u ㅜ	yu ㅠ	eu ㅡ	i ㅣ	ae ㅐ	yae ㅒ	e ㅔ	ye ㅖ	wa ㅘ	wae ㅙ	oe ㅚ	wo ㅝ	we ㅞ	wi ㅟ	ui ㅢ
g/k ㄱ																					
n ㄴ																					
d/t ㄷ																					
r/l ㄹ																					
m ㅁ																					
b/p ㅂ																					
s ㅅ																					
/ng ㅇ																					
j ㅈ																					
ch ㅊ																					
k ㅋ																					
t ㅌ																					
p ㅍ																					
h ㅎ																					
kk ㄲ																					
tt ㄸ																					
pp ㅃ																					
ss ㅆ																					
jj ㅉ																					

자음 모음

ㅃ ㅟ = 쀠

pp wi ppwi

쓰기연습

로마자 표기법

	a ㅏ	ya ㅑ	eo ㅓ	yeo ㅕ	o ㅗ	yo ㅛ	u ㅜ	yu ㅠ	eu ㅡ	i ㅣ	ae ㅐ	yae ㅒ	e ㅔ	ye ㅖ	wa ㅘ	wae ㅙ	oe ㅚ	wo ㅝ	we ㅞ	(wi) ㅟ	ui ㅢ
g/k ㄱ																					
n ㄴ																					
d/t ㄷ																					
r/l ㄹ																					
m ㅁ																					
b/p ㅂ																					
s ㅅ																					
/ng ㅇ																					
j ㅈ																					
ch ㅊ																					
k ㅋ																					
t ㅌ																					
p ㅍ																					
h ㅎ																					
kk ㄲ																					
tt ㄸ																					
pp ㅃ																					
(ss) ㅆ																					
jj ㅉ																					

자음　　모음
ㅆ　　ㅟ　＝　쒸
SS　　wi　　　sswi

쓰기연습

로마자 표기법

	a ㅏ	ya ㅑ	eo ㅓ	yeo ㅕ	o ㅗ	yo ㅛ	u ㅜ	yu ㅠ	eu ㅡ	i ㅣ	ae ㅐ	yae ㅒ	e ㅔ	ye ㅖ	wa ㅘ	wae ㅙ	oe ㅚ	wo ㅝ	we ㅞ	(wi) ㅟ	ui ㅢ
g/k ㄱ																					
n ㄴ																					
d/t ㄷ																					
r/l ㄹ																					
m ㅁ																					
b/p ㅂ																						
s ㅅ																						
/ng ㅇ																						
j ㅈ																						
ch ㅊ																						
k ㅋ																						
t ㅌ																						
p ㅍ																						
h ㅎ																						
kk ㄲ																						
tt ㄸ																						
pp ㅃ																						
ss ㅆ																						
(jj) ㅉ																						

자음　　모음
ㅉ　　ㅟ　＝　쮜
jj　　wi　　　jjwi

쓰기연습

로마자 표기법

	a ㅏ	ya ㅑ	eo ㅓ	yeo ㅕ	o ㅗ	yo ㅛ	u ㅜ	yu ㅠ	eu ㅡ	i ㅣ	ae ㅐ	yae ㅒ	e ㅔ	ye ㅖ	wa ㅘ	wae ㅙ	oe ㅚ	wo ㅝ	we ㅞ	wi ㅟ	ui ㅢ
g/k ㄱ																					
n ㄴ																					
d/t ㄷ																					
r/l ㄹ																					
m ㅁ																					
b/p ㅂ																					
s ㅅ																					
/ng ㅇ																					
j ㅈ																					
ch ㅊ																					
k ㅋ																					
t ㅌ																					
p ㅍ																					
h ㅎ																					
kk ㄲ																					
tt ㄸ																					
pp ㅃ																					
ss ㅆ																					
jj ㅉ																					

자음 모음

ㄱ ㅢ = 긔

g ui gui

쓰기연습

로마자 표기법

	a ㅏ	ya ㅑ	eo ㅓ	yeo ㅕ	o ㅗ	yo ㅛ	u ㅜ	yu ㅠ	eu ㅡ	i ㅣ	ae ㅐ	yae ㅒ	e ㅔ	ye ㅖ	wa ㅘ	wae ㅙ	oe ㅚ	wo ㅝ	we ㅞ	wi ㅟ	ui ㅢ
g/k ㄱ																					
n ㄴ																					
d/t ㄷ																					
r/l ㄹ																					
m ㅁ																					
b/p ㅂ																					
s ㅅ																					
/ng ㅇ																					
j ㅈ																					
ch ㅊ																					
k ㅋ																					
t ㅌ																					
p ㅍ																					
h ㅎ																					
kk ㄲ																					
tt ㄸ																					
pp ㅃ																					
ss ㅆ																					
jj ㅉ																					

자음 모음

ㄴ ㅢ = 늬

n ui nui

쓰기연습

로마자 표기법

	a	ya	eo	yeo	o	yo	u	yu	eu	i	ae	yae	e	ye	wa	wae	oe	wo	we	wi	ui
	ㅏ	ㅑ	ㅓ	ㅕ	ㅗ	ㅛ	ㅜ	ㅠ	ㅡ	ㅣ	ㅐ	ㅒ	ㅔ	ㅖ	ㅘ	ㅙ	ㅚ	ㅝ	ㅞ	ㅟ	ㅢ
g/k ㄱ																					
n ㄴ																					
d/t ㄷ																					
r/l ㄹ																					
m ㅁ																					
b/p ㅂ																					
s ㅅ																					
/ng ㅇ																					
j ㅈ																					
ch ㅊ																					
k ㅋ																					
t ㅌ																					
p ㅍ																					
h ㅎ																					
kk ㄲ																					
tt ㄸ																					
pp ㅃ																					
ss ㅆ																					
jj ㅉ																					

자음 모음

ㄷ ㅢ = 듸

d ui dui

쓰기연습

로마자 표기법

	a	ya	eo	yeo	o	yo	u	yu	eu	i	ae	yae	e	ye	wa	wae	oe	wo	we	wi	ui
	ㅏ	ㅑ	ㅓ	ㅕ	ㅗ	ㅛ	ㅜ	ㅠ	ㅡ	ㅣ	ㅐ	ㅒ	ㅔ	ㅖ	ㅘ	ㅙ	ㅚ	ㅝ	ㅞ	ㅟ	ㅢ
g/k ㄱ																					
n ㄴ																					
d/t ㄷ																					
r/l ㄹ																					
m ㅁ																					
b/p ㅂ																					
s ㅅ																					
/ng ㅇ																					
j ㅈ																					
ch ㅊ																					
k ㅋ																					
t ㅌ																					
p ㅍ																					
h ㅎ																					
kk ㄲ																					
tt ㄸ																					
pp ㅃ																					
ss ㅆ																					
jj ㅉ																					

자음 모음

ㄹ ㅢ = 릐

r ui rui

쓰기연습

로마자 표기법

	a ㅏ	ya ㅑ	eo ㅓ	yeo ㅕ	o ㅗ	yo ㅛ	u ㅜ	yu ㅠ	eu ㅡ	i ㅣ	ae ㅐ	yae ㅒ	e ㅔ	ye ㅖ	wa ㅘ	wae ㅙ	oe ㅚ	wo ㅝ	we ㅞ	wi ㅟ	(ui ㅢ)
g/k ㄱ																					
n ㄴ																					
d/t ㄷ																					
r/l ㄹ																					
(m ㅁ)																					
b/p ㅂ																					
s ㅅ																					
/ng ㅇ																					
j ㅈ																					
ch ㅊ																					
k ㅋ																					
t ㅌ																					
p ㅍ																					
h ㅎ																					
kk ㄲ																					
tt ㄸ																					
pp ㅃ																					
ss ㅆ																					
jj ㅉ																					

자음　　모음

ㅁ　ㅢ = 믜
m　ui　mui

쓰기연습

로마자 표기법

	a ㅏ	ya ㅑ	eo ㅓ	yeo ㅕ	o ㅗ	yo ㅛ	u ㅜ	yu ㅠ	eu ㅡ	i ㅣ	ae ㅐ	yae ㅒ	e ㅔ	ye ㅖ	wa ㅘ	wae ㅙ	oe ㅚ	wo ㅝ	we ㅞ	wi ㅟ	(ui ㅢ)
g/k ㄱ																					
n ㄴ																					
d/t ㄷ																						
r/l ㄹ																						
m ㅁ																					
(b/p ㅂ)																					
s ㅅ																					
/ng ㅇ																					
j ㅈ																					
ch ㅊ																					
k ㅋ																					
t ㅌ																					
p ㅍ																					
h ㅎ																					
kk ㄲ																					
tt ㄸ																					
pp ㅃ																					
ss ㅆ																					
jj ㅉ																					

자음　　모음

ㅂ　ㅢ = 븨
b　ui　bui

쓰기연습

로마자 표기법

	a ㅏ	ya ㅑ	eo ㅓ	yeo ㅕ	o ㅗ	yo ㅛ	u ㅜ	yu ㅠ	eu ㅡ	i ㅣ	ae ㅐ	yae ㅒ	e ㅔ	ye ㅖ	wa ㅘ	wae ㅙ	oe ㅚ	wo ㅝ	we ㅞ	wi ㅟ	(ui ㅢ)
g/k ㄱ																					
n ㄴ																					
d/t ㄷ																					
r/l ㄹ																					
m ㅁ																					
b/p ㅂ																					
(s ㅅ)																					
/ng ㅇ																					
j ㅈ																					
ch ㅊ																					
k ㅋ																					
t ㅌ																					
p ㅍ																					
h ㅎ																					
kk ㄲ																					
tt ㄸ																					
pp ㅃ																					
ss ㅆ																					
jj ㅉ																					

자음 모음

ㅅ ㅢ = 싀
s   ui   sui

쓰기연습

로마자 표기법

	a ㅏ	ya ㅑ	eo ㅓ	yeo ㅕ	o ㅗ	yo ㅛ	u ㅜ	yu ㅠ	eu ㅡ	i ㅣ	ae ㅐ	yae ㅒ	e ㅔ	ye ㅖ	wa ㅘ	wae ㅙ	oe ㅚ	wo ㅝ	we ㅞ	wi ㅟ	(ui ㅢ)
g/k ㄱ																					
n ㄴ																					
d/t ㄷ																						
r/l ㄹ																						
m ㅁ																						
b/p ㅂ																						
s ㅅ																					
(/ng ㅇ)																					
j ㅈ																					
ch ㅊ																					
k ㅋ																					
t ㅌ																					
p ㅍ																					
h ㅎ																					
kk ㄲ																					
tt ㄸ																					
pp ㅃ																					
ss ㅆ																					
jj ㅉ																					

자음 모음

의 ㅇ = 잉
ui   ng   uing

쓰기연습

로마자 표기법

자음 ㅈ j **모음** ㅢ ui = 직 jui

쓰기연습

로마자 표기법

자음 ㅊ ch **모음** ㅢ ui = 취 chui

쓰기연습

로마자 표기법

	a ㅏ	ya ㅑ	eo ㅓ	yeo ㅕ	o ㅗ	yo ㅛ	u ㅜ	yu ㅠ	eu ㅡ	i ㅣ	ae ㅐ	yae ㅒ	e ㅔ	ye ㅖ	wa ㅘ	wae ㅙ	oe ㅚ	wo ㅝ	we ㅞ	wi ㅟ	(ui) ㅢ
g/k ㄱ																					
n ㄴ																					
d/t ㄷ																					
r/l ㄹ																					
m ㅁ																					
b/p ㅂ																					
s ㅅ																					
/ng ㅇ																					
j ㅈ																					
ch ㅊ																					
(k) ㅋ																					
t ㅌ																					
p ㅍ																					
h ㅎ																					
kk ㄲ																					
tt ㄸ																					
pp ㅃ																					
ss ㅆ																					
jj ㅉ																					

자음   모음

ㅋ   ㅢ = 킈
k   ui   kui

쓰기연습

로마자 표기법

	a ㅏ	ya ㅑ	eo ㅓ	yeo ㅕ	o ㅗ	yo ㅛ	u ㅜ	yu ㅠ	eu ㅡ	i ㅣ	ae ㅐ	yae ㅒ	e ㅔ	ye ㅖ	wa ㅘ	wae ㅙ	oe ㅚ	wo ㅝ	we ㅞ	wi ㅟ	(ui) ㅢ
g/k ㄱ																					
n ㄴ																					
d/t ㄷ																						
r/l ㄹ																						
m ㅁ																						
b/p ㅂ																						
s ㅅ																						
/ng ㅇ																						
j ㅈ																						
ch ㅊ																						
k ㅋ																						
(t) ㅌ																						
p ㅍ																						
h ㅎ																						
kk ㄲ																						
tt ㄸ																						
pp ㅃ																						
ss ㅆ																						
jj ㅉ																						

자음   모음

ㅌ   ㅢ = 틔
t   ui   tui

쓰기연습

로마자 표기법

	a ㅏ	ya ㅑ	eo ㅓ	yeo ㅕ	o ㅗ	yo ㅛ	u ㅜ	yu ㅠ	eu ㅡ	i ㅣ	ae ㅐ	yae ㅒ	e ㅔ	ye ㅖ	wa ㅘ	wae ㅙ	oe ㅚ	wo ㅝ	we ㅞ	wi ㅟ	ui ㅢ
g/k ㄱ																					
n ㄴ																					
d/t ㄷ																					
r/l ㄹ																					
m ㅁ																					
b/p ㅂ																					
s ㅅ																					
/ng ㅇ																					
j ㅈ																					
ch ㅊ																					
k ㅋ																					
t ㅌ																					
p ㅍ																					
h ㅎ																					
kk ㄲ																					
tt ㄸ																					
pp ㅃ																					
ss ㅆ																					
jj ㅉ																					

자음 모음

ㅍ ㅢ = 픠

p ui pui

쓰기연습

로마자 표기법

	a ㅏ	ya ㅑ	eo ㅓ	yeo ㅕ	o ㅗ	yo ㅛ	u ㅜ	yu ㅠ	eu ㅡ	i ㅣ	ae ㅐ	yae ㅒ	e ㅔ	ye ㅖ	wa ㅘ	wae ㅙ	oe ㅚ	wo ㅝ	we ㅞ	wi ㅟ	ui ㅢ
g/k ㄱ																					
n ㄴ																					
d/t ㄷ																					
r/l ㄹ																					
m ㅁ																					
b/p ㅂ																					
s ㅅ																					
/ng ㅇ																					
j ㅈ																					
ch ㅊ																					
k ㅋ																					
t ㅌ																					
p ㅍ																					
h ㅎ																					
kk ㄲ																					
tt ㄸ																					
pp ㅃ																					
ss ㅆ																					
jj ㅉ																					

자음 모음

ㅎ ㅢ = 희

h ui hui

쓰기연습

로마자 표기법

	a ㅏ	ya ㅑ	eo ㅓ	yeo ㅕ	o ㅗ	yo ㅛ	u ㅜ	yu ㅠ	eu ㅡ	i ㅣ	ae ㅐ	yae ㅒ	e ㅔ	ye ㅖ	wa ㅘ	wae ㅙ	oe ㅚ	wo ㅝ	we ㅞ	wi ㅟ	**ui ㅢ**
g/k ㄱ																					
n ㄴ																					
d/t ㄷ																					
r/l ㄹ																					
m ㅁ																					
b/p ㅂ																					
s ㅅ																					
/ng ㅇ																					
j ㅈ																					
ch ㅊ																					
k ㅋ																					
t ㅌ																					
p ㅍ																					
h ㅎ																					
kk ㄲ																					
tt ㄸ																					
pp ㅃ																					
ss ㅆ																					
jj ㅉ																					

자음 모음

ㄲ ㅢ = 끠
kk ui   kkui

쓰기연습

로마자 표기법

	a ㅏ	ya ㅑ	eo ㅓ	yeo ㅕ	o ㅗ	yo ㅛ	u ㅜ	yu ㅠ	eu ㅡ	i ㅣ	ae ㅐ	yae ㅒ	e ㅔ	ye ㅖ	wa ㅘ	wae ㅙ	oe ㅚ	wo ㅝ	we ㅞ	wi ㅟ	**ui ㅢ**
g/k ㄱ																					
n ㄴ																					
d/t ㄷ																					
r/l ㄹ																					
m ㅁ																					
b/p ㅂ																						
s ㅅ																					
/ng ㅇ																					
j ㅈ																					
ch ㅊ																					
k ㅋ																					
t ㅌ																					
p ㅍ																					
h ㅎ																					
kk ㄲ																					
tt ㄸ																					
pp ㅃ																					
ss ㅆ																					
jj ㅉ																					

자음 모음

ㄸ ㅢ = 띄
tt ui   ttui

쓰기연습

로마자 표기법

	a ㅏ	ya ㅑ	eo ㅓ	yeo ㅕ	o ㅗ	yo ㅛ	u ㅜ	yu ㅠ	eu ㅡ	i ㅣ	ae ㅐ	yae ㅒ	e ㅔ	ye ㅖ	wa ㅘ	wae ㅙ	oe ㅚ	wo ㅝ	we ㅞ	wi ㅟ	ui ㅢ

g/k ㄱ
n ㄴ
d/t ㄷ
r/l ㄹ
m ㅁ
b/p ㅂ
s ㅅ
/ng ㅇ
j ㅈ
ch ㅊ
k ㅋ
t ㅌ
p ㅍ
h ㅎ
kk ㄲ
tt ㄸ
pp ㅃ
ss ㅆ
jj ㅉ

자음   모음

ㅃ + ㅢ = 삐

pp　**ui**　**ppui**

쓰기연습

로마자 표기법

	a ㅏ	ya ㅑ	eo ㅓ	yeo ㅕ	o ㅗ	yo ㅛ	u ㅜ	yu ㅠ	eu ㅡ	i ㅣ	ae ㅐ	yae ㅒ	e ㅔ	ye ㅖ	wa ㅘ	wae ㅙ	oe ㅚ	wo ㅝ	we ㅞ	wi ㅟ	ui ㅢ

g/k ㄱ
n ㄴ
d/t ㄷ
r/l ㄹ
m ㅁ
b/p ㅂ
s ㅅ
/ng ㅇ
j ㅈ
ch ㅊ
k ㅋ
t ㅌ
p ㅍ
h ㅎ
kk ㄲ
tt ㄸ
pp ㅃ
ss ㅆ
jj ㅉ

자음   모음

ㅆ + ㅢ = 씌

ss　**ui**　**ssui**

쓰기연습

로마자 표기법

	a ㅏ	ya ㅑ	eo ㅓ	yeo ㅕ	o ㅗ	yo ㅛ	u ㅜ	yu ㅠ	eu ㅡ	i ㅣ	ae ㅐ	yae ㅒ	e ㅔ	ye ㅖ	wa ㅘ	wae ㅙ	oe ㅚ	wo ㅝ	we ㅞ	wi ㅟ	(ui) ㅢ
g/k ㄱ																					
n ㄴ																					
d/t ㄷ																					
r/l ㄹ																					
m ㅁ																					
b/p ㅂ																					
s ㅅ																					
/ng ㅇ																					
j ㅈ																					
ch ㅊ																					
k ㅋ																					
t ㅌ																					
p ㅍ																					
h ㅎ																					
kk ㄲ																					
tt ㄸ																					
pp ㅃ																					
ss ㅆ																					
(jj) ㅉ																					

자음   모음

쯔 ㅢ = 쯰
jj ui   jjui

쓰기연습

로마자 연습문제

날짜	학습목표	학습시간	평가

로마자 연습문제

1 영어로 도로명 써보기
2 영어로 전철역 이름 써보기
3 영어로 K푸드 이름 써보기
　연습문제
　(유튜브 / 시니어 영어세상에서 확인)

고유명사 첫 글자는 대문자로 씁니다
우리말 발음 소리나는 대로 씁니다
도로명과 전철역이름, K푸드 고유명사를 써보면서
한글과 영어 소리와 철자를 익히세요

r : 맨앞에 쓸때, 모음 앞에 쓸 때
ㅣ : 맨끝에 쓸때, 자음 앞에 쓸 때
ll 은 ㄹㄹ
소리나는 대로 표기
(ㄱ) 어두에는 g 어미에는 k로 소리
ㅇ 받침으로 사용할때는 ng 앙으로 소리

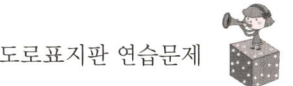

도로표지판 연습문제

1. 영어로 도로표지판 써보기

연습문제 (유튜브 / 시니어 영어세상에서 확인)
(한글로 써놓고 영어로 써보기 연습하기)

아산	Asan
강남	Gangnam
수원	Suwon
천안	Cheonan
인천	Incheon
부천	Bucheon
국회	Gukoe
인천대교	Incheondaegyu

한글	로마자
대구	Daegu
일산	Ilsan
판교	Pangyo
의정부	Uijeongbu
김포	Gimpo
용인	Yongin
이동	Idong
양성	Yangseong
군산	Gunsan
광주	Gwangju

도로표지판 연습문제

기장	Gijang
창원	Changwon
군포	Gunpo
안양	Anyang
충주	Chungju
화도	Hwado
송도	Songdo
구미	Gumi
가산	Gasan
남양주	Namyangju

덕소	Deokso
모현	Mohyeon
상주	Sangju
진천	Jincheon
음성	Eumseong
동수성	Dongsuseong
개성공단	Gaeseonggongdan
평양	Pyeongyang
금강산	Geumgangsan
백두산	Baekdusan

한글	로마자
천지	Cheonji
인제	Inje
동홍천	Donghongcheon
원주	Wonju
목포	Mokpo
나주	Nazu
순천	Suncheon
화순	Whasun
한라산	Hallasan
백록담	Baengnokdam

한글	로마자
소금강	Sogeumgang
오대산	Odaesan
진부	Jinbu
서분당	Seobundang
고기동	Gogi-dong
고양시	Goyang-si
청계	Cheonggye
연천	Yeoncheon
동두천	Dongducheon
파주	Paju

함양	Hamyang
금산	Geumsan
군포	Gunpo
원주	Wonju
장흥	Jangheung
안양	Anyang
영천	Yeongcheon
광화문	Gwanghwamun
종로	Jong-ro

2. 영어로 전철역 이름 써보기

연습문제 (유튜브 / 시니어 영어세상에서 확인)
(한글로 써놓고 영어로 써보기 연습하기)

서울 2호선

시청 — City Hall

충정로 — Chungjeongno

아현 — Ahyeon

이대 — Ewha Womans Univ.

신촌 — Sinchon

홍대입구 — Hongik Univ

합정 — Hapjeong

당산 — Dangsan

전철역 이름 연습문제

영등포구청	Yeongdeungpo-gu Office
문래	Mullae
신도림	Sindorim
대림	Daerim
구로구청	Guro-gu Office
구로공단	Gurogongdan
신대방	Sindaebang
신림	Sillim
봉천	Bongcheon
서울대입구	Seoul Nat'l Univ.

관악구청	Gwanak-gu Office
낙성대	Nakseongdae
사당	Sadang
방배	Bangbae
서초	Seocho
교대	Seoul Nat'l Univ. of Education
강남	Gangnam
역삼	Yeoksam
선릉	Seolleung

전철역 이름 연습문제

삼성	Samseong
신천	Sincheon
잠실	Jamsil
송파구청	Songpa-gu Office
성내	Seongnae
강변	Gangbyeon
동서울터미널	East Seoul Bus Terminal
광진구청	Gwangjin-gu Office
성수	Seongsu
뚝섬	Ttukseom

한글	로마자
한양대	Hanyang Univ.
왕십리	Wangsimni
상왕십리	Sangwangsimni
신당	Sindang
동대문운동장	Dongdaemun Stadium
을지로4가	Euljiro 4(sa)-ga
을지로3가	Euljiro 3(sa)-ga
을지로입구	Euljiro ip-gu
답십리	Dapsimni
용답	Yongdap

전철역 이름 연습문제

신답　　Sindap

신설동　　Sinseol-dong

도림천　　Dorimcheon

양천구청　　Yangcheon-gu Office

신정네거리　　Sinjeongnegeori

서울 5호선

상일동   Sangil-dong

고덕   Godeok

명일   Myeongil

굽은다리   Gubeundari

강동구민회관   Gangdong Community Center

길동   Gil-dong

강동   Gangdong

마천   Macheon

한글	로마자
거여	Geoyeo
개롱	Gaerong
오금	Ogeum
방이	Bangi
올림픽공원	Olympic park
둔촌동	Dunchon-dong
천호	Cheonho
풍납토성	Pungnaptoseong
광나루	Gwangnaru
아차산	Achasan

군자	Gunja
능동	Neung-dong
장한평	Janghanpyeong
답십리	Dapsimni
마장	Majang
왕십리	Wangsimni
행당	Haengdang
신금호	Singeumho
청구	Cheonggu
동대문운동장	Dongdaemun Stadium

전철역 이름 연습문제

을지로4가	Euljiro 4(sa)-ga
종로3가	Euljiro 3(sa)-ga
탑골공원	Tapgol park
광화문	Gwanghwamun
세종문화회관	Sejong Center
서대문	Seodaemun
충정로	Chungjeongno
경기대입구	Kyeonggi Univ.
애오개	Aeogae
공덕	Gongdeok

마포	Mapo
여의나루	Yeouinaru
여의도	Yeouido
신길	Singil
영등포시장	Yeongdeungpo market
영등포구청	Yeongdeungpo-gu Office
양평	Yangpyeong
오목교	Omokgyo
목동운동장앞	Mok-dong Stadium
목동	Mok-dong

전철역 이름 연습문제

신정   Sinjeong

은행정   Eunhaengjeong

까치산   Kkachisan

화곡   Hwagok

3. 영어로 K푸드 써보기

연습문제 (유튜브 / 시니어 영어세상에서 확인)
(한글로 써놓고 영어로 써보기 연습하기)

갈비	Galbi
갈비 찜	Galbi-jjim
갈치조림	Galchi-jorim
고등어조림	Godeungeo-jorim
곰탕	Gomtang
김치	Gim Chi
김밥	Gimbap
김치볶음밥	Gimchi-bokkeum-bap

K푸드 연습문제

김치찌개	Gimchi-jjigae
닭볶음탕	Dak-bokkeum-tang
돌솥비빔밥	Dolsot-bibimbap
동태찌개	Dongtae-jjigae
돼지국밥	Dwaeji-gukbap
된장찌개	Doenjang-jjigae
두부김치	Dubu-Gimchi
떡갈비	Tteok-galbi
떡국	Tteokguk
떡볶이	Tteok-bokki

만두	Mandu
만둣국	Mandu-guk
매운탕	Maeun-tang
물냉면	Mul-naengmyeon
보쌈	Bossam
불고기	Bulgogi
불고기덮밥	Bulgogi-deopbap
불낙전골	Bullak-jeongol
비빔냉면	Bibim-naengmyeon
비빔밥	Bibimbap

빈대떡	Bindae-tteok
산채비빔밥	Sanchae-bibimbap
삼겹살	Samgyeopsal
삼계탕	Samgye-tang
생선구이	Saengseon-gui
생선회	Saengseon-hoe
설렁탕	Seolleongtang
순대	Sundae
순두부찌개	Sundubu-jjigae
쌈밥	Ssambap

양념(돼지)갈비	Yangnyeom-galbi
영양돌솥밥	Yeongyang-dolsot-bap
육개장	Yukgaejang
육회	Yukhoe
잔치국수	Janchi-guksu
잡채	Japchae
제육볶음	Jeyuk-bokkeum
칼국수	Kal-guksu
한정식	Han-jeongsik
해물찜	Haemul-jjim

K푸드 연습문제

해물파전　　Haemul-pajeon

해장국　　Haejang-guk

송편　　Songpyeon

식혜　　Sikhye

약식　　Yaksik

한식　　Hansik

막걸리　　Makgeolli

소주　　Soju

로마자 표기법을 활용한
한글을 영어로 완전정복

초판1쇄 발행 2024년 11월11일

편저자 / 이투원 영어팀

발행처 / 도서출판 이투원

발행인 / 서 은 희

출판등록번호 / 제 2016 - 000211

대표메일 / e2one2621@naver.com

전화   / 1588 7138

주소   / 서울특별시 마포구 방울내로11길37 프리마빌딩312호

ISBN / 979-11-983819-0-3

정가 / 13,900원

저작권 법에 의해 보호를 받는 저작물이므로 무단 전제와 복제를 금합니다.